KURT ROESSLER

UND DIE LYRISCHE LANDSCHAFT

AM RHEIN

RHEIN!

ZEITSCHRIFT FÜR WORTE, BILDER, KLANG

KURT ROESSLER

UND DIE
LYRISCHE LANDSCHAFT
AM RHEIN

SONDERAUSGABE ZUM 80. GEBURTSTAG
AM 8. NOVEMBER 2019

RHEIN! NR. 20   November 2019

RHEIN! ZEITSCHRIFT FÜR WORTE, BILDER, KLANG
Nr. 20, November 2019 · Sonderausgabe
Kurt Roessler und die Lyrische Landschaft am Rhein
Zum 80. Geburtstag am 8. 11. 2019

© Rolf Polander, Andreas Rumler, Rolf Stolz für das Heft
© Autoren und Künstler für ihre Beiträge
In diesem Buch sind die alte und die neue Rechtschreibung vertreten
sowie ihre Mischformen und ebenso die Abwesenheit von
Rechtschreibung überhaupt. Darin sind wir den
Texten unserer Autoren gefolgt
Das Titelbild von Kurt Rössler, das wie kaum ein anderes
als künstlerisches Kürzel der Lyrischen Landschaft an Rhein und
Rolandsbogen gelesen werden kann, haben wir unter Mißachtung der
editorischen Sorgfaltspflicht ohne Erlaubnis des Urhebers
verwendet und hoffen, dass er uns dies gnädig verzeiht.
Presserechtlich verantwortlich: Rolf Stolz
Graphische Gestaltung, Layout und Satz:
Roland Poferl Print-Design, Köln

Kunstverein KUNSTGEFLECHT e.V.
53813 Neunkirchen-Seelscheid, Postfach 2129 · Tel.: 0163-5785012
Kunstgeflecht@gmx-topmail.de
www.kunstgeflecht.de
ISBN 978-3-750408-29-6

Prof. Kurt Roessler
zum 80. Geburtstag

Lieber Kurt,

Du bist ein Phänomen und für uns ein Glücksfall. Ein Phänomen, weil Du über eine umfassende Bildung verfügst, wie sie heute selten zu finden ist. Dabei sind Deine Interessensbereiche sehr breit gefächert, und Du bist mit verschiedenen Begabungen gesegnet, die an die Mehrfachbegabungen denken lassen, die man im neunzehnten Jahrhundert vielfach findet, wenn man an Goethe, E. T. A. Hoffmann, Schumann und andere Künstler denkt.

Deine naturwissenschaftlichen Erkenntnisse, Fähigkeiten und Aktivitäten dokumentierst Du regelmäßig durch Veröffentlichungen und Seminare, die außerordentliche Qualität nicht zuletzt dadurch aufweisen, dass sie nicht den Naturwissenschaften verhaftet bleiben, sondern in die Philosophie und die verschiedenen Künste hineinreichen. Dort, in den Künsten, sei es als Schriftsteller, Literaturwissenschaftler, Maler oder Zeichner bist Du genau so zu Hause wie in der Astrochemie. Darüber hinaus bist Du auch musikalisch hochgebildet und aktiv.

All dies macht Dich zu einem Glücksfall für unser gemeinsames Projekt, den Kunstverein KUNSTGEFLECHT e.V., den Du mit gegründet hast und entscheidend prägst, sei es durch Deine Fülle an Ideen, Deine Initiative und Tatkraft oder durch die viele Arbeit, die Du in unsere Zeitschrift »RHEIN!« investierst. Diese Zeitschrift, die es mittlerweile auf stattliche 21 Ausgaben gebracht hat, ist ohne Deine Arbeit und Dein Engagement nicht denkbar.

Wir gratulieren Dir herzlichst zu Deinem 80. Geburtstag und wünschen Dir weiterhin viel Schaffenskraft und uns möglichst viele weitere Jahre fruchtbarer Zusammenarbeit mit Dir

Leonhard Beck und Bernd Hänschke

Inhalt

Der Rolandsbogen

ein Brennpunkt der Lyrischen
Landschaft am Rhein

Wenige Regionen in Deutschland sind wegen ihrer mannigfaltigen Schönheiten und Reize auch international so bekannt und beliebt wie der Rhein, speziell das obere Mittelrheintal. Wer es besucht, trifft begeisterte Touristen aus allen Teilen der Welt. Seit Generationen hält dieses Interesse an, äußern sich Autoren über die hiesigen Sehenswürdigkeiten. Mit den bislang über zwanzig Bänden von »RHEIN! Zeitschrift für Worte, Bilder, Klang« haben die Mitglieder der Künstlergruppe KUNSTGEFLECHT eine ansprechend gestaltete und mit qualitativ hochwertigen Beiträgen bestückte Taschenbuchreihe herausgebracht, die in vielen Ausgaben Themen und Sehenswürdigkeiten dieser lyrischen Landschaft am Strom behandelt. Mit ihren Veröffentlichungen dieser Worte, Bilder und Klänge werben sie auch dafür, sich dieser Region zu nähern: *per pedes* oder auf den leisen Pfaden der Lektüre.

Dank seiner vielfältigen Interessen und Fähigkeiten, seiner immensen Arbeitskraft, seines Engagements, wurde der 1939 in Köln geborene Kurt Roessler als Mitbegründer eines der prägenden und führenden Mitglieder dieser Gruppe. Er ist eine jener selten gewordenen Persönlichkeiten, die man früher als Universalgelehrte bezeichnet hätte. Zudem betätigt er sich künstlerisch: als Autor und Zeichner. Und nicht zuletzt brilliert Kurt Roessler in einer höchst anstrengenden und diffizilen

Kunstform, die wir den Römern verdanken und die mindestens ebenso stark wie Burgen und verwinkelt-verträumte Städtchen, wie Lieder und Legenden dazu beigetragen hat, das obere Mittelrheintal weltweit bekannt zu machen: Im An- und Ausbau edler Rebensäfte.

Kurt Roessler absolvierte eine steile wissenschaftliche Karriere. Er promovierte 1968 im Fach Nuklearchemie an der Universität zu Köln, leitete von 1973 bis 2003 die Abteilung Hochenergiechemie des Forschungszentrums Jülich. Seit 1983 legte er Arbeiten zur Chemie im Weltraum und in Kometen vor. Bereits 1985 übernahm er einen Lehrauftrag an der Universität Münster und wirkte seit 1993 dort als Honorarprofessor für Kosmochemie. Das sollte eigentlich für ein normales und erfülltes Wissenschaftler- und Forscherleben reichen – allein: Kurt Roessler hat es zusätzlich auf sich genommen, seit 1995 die inhaltliche und praktische Gestaltung der alljährlichen Bad Honnefer Winter-Seminare zur kosmischen Evolution im Physikzentrum Bad Honnef zu organisieren. Wer daran teilnehmen durfte, wird diesen ungeheuer anregenden und informativen interdisziplinären Diskurs nie vergessen.

Doch neben der wissenschaftlichen »Pflicht« bewegte ihn auch die Kunst als »Kür«. Seit 1980 widmet er sich aktiv und theoretisch seinen Neigungen zu Grafik und Lyrik. Zwischen Bornheim, dem Rolandsbogen und Assmannshausen organisierte er zahlreiche Ausstellungen und forschte über die Dichter Guillaume Apollinaire (1901–1902 in Bad Honnef) und Ferdinand Freiligrath (1839–1841 in Unkel, 1841–1844 in Sankt Goar), veranstaltete Vorträge und Kolloquien sowie musikalische

Darbietungen zu deren Dichtungen. Als Vorstandsmitglied der Apollinaire-Gesellschaft, der Grabbe-Gesellschaft, Leiter des Freiligrath-Arbeitskreises und langjähriger Herausgeber der Grabbe-Jahrbücher konnte er dafür international renommierte Referenten gewinnen.

Kurt Roessler veröffentlichte mehr als 400 Publikationen und Bücher zu naturwissenschaftlichen Themen und Fragen der Erforschung der Literatur – ganz besonders im Rahmen seines Interessen-Schwerpunkts der Lyrischen Landschaft entlang des Rheins. Dass ein international anerkannter und gefragter Wissenschaftler, Referent, Gastdozent und Autor sich die Zeit nimmt, anderen Künstlern ein Forum zu bieten, ihre Texte zu veröffentlichen, ihre Bild-Werke zu präsentieren und ihre Musik aufzuführen, dürfte ziemlich einmalig sein. Über 20 Bände der Reihe »Rhein!« sind bislang erschienen und bei musikalisch-literarischen Veranstaltungen der Öffentlichkeit präsentiert worden. Dadurch ist ein kleines, aber sehr feines Archiv und Quasi-Museum rheinländischer Gegenwartskunst und -kultur entstanden, das ganz bewusst die historischen Wurzeln kultiviert und pflegt.

Vielen Rheinländern gilt der Platz am Rolandsbogen, selbst wenn sie Weintrinker sind, als der schönste Biergarten der Region. Gern vergleichen sie den Blick hinunter auf den Fluss mit seinen Schiffen und hinüber auf das Siebengebirge mit einer märchen- und gewissenhaft dekorierten Modellbahn-Anlage. Dass gleich unterhalb ihrer Tische und Schoppen ein als Professor international gefragter Wissenschaftler seinen Weinberg hegt und pflegt, ein tatkräftiger und kenntnisreicher Winzer eben, dürfte angesichts des weiten Panoramas vielen Gästen eher weniger auffallen, obwohl doch hier »das Gute« im Wortsinn so nahe liegt. Kurt Roessler hat den Hang am Rolandsbogen als literarischen Weinberg Freiligrath und Apollinaire gewidmet. Seit 1990 leistet er – unerbittlich gegen sich selbst – auch diese Arbeit und produziert dabei vorzügliche Weine. Wenn man so will, hat er sich hier – neben Jülich und Münster – einen dritten Hörsaal erworben, in dem er mit großem Vergnügen orts- und weinunkundigen Zeitgenossen (auch das soll es geben) nicht immer ganz ernst zu nehmende Informationen über den Weinbau mit auf die Heimreise gibt. Nachzulesen etwa in seinem RHEIN!-Sonderheft »Literarischer Weinberg Rolandsbogen«.

Als ein Brennpunkt der lyrischen Landschaft beiderseits des Rheins hat der Rolandsbogen wie das weitere Tal seit Jahrtausenden begeistert, Legenden und Mythen, Vers und Prosa initiiert. Er avancierte zum Ort der Begegnung und kulturellen Inspiration für Menschen aus aller Welt. Je mehr die Burgen zu Ruinen verfielen, umso stärker erblühten sie als Anregung für die Kunst. Ein Beispiel für diese glückliche Fügung bilden die »RHEIN!«-Bände. Deshalb haben wir uns erlaubt, ganz heimlich eine Sonderedition in diese hehre Reihe hineinzuschmuggeln und wünschen Kurt Roessler alles Gute weiterhin, Glück und Erfolg, stets ein tatkräftiges Händchen beim Rebenschnitt, bei der Lese und als Autor ... und natürlich vor allem Gesundheit anlässlich seines runden Geburtstags!!!

Rolf Polander – Andreas Rumler – Rolf Stolz

Kurt Roessler betrachtet die Ausstellung von Marita Dymny

MATTHIAS BUTH

Wie ist Deutschland verfasst?

Wir nennen es Grundgesetz seit 70 Jahren, aber es war 1949 ein Provisorium, eine richtige Verfassung ist es nicht. Die DDR ist am 3. Oktober 1990 dem Geltungsbereich des Grundgesetzes »beigetreten«. Es blieb beim Grundgesetz. Wolfgang Thierse wollte eine gesamtdeutsche Verfassung, über die dann in einem Volksentscheid entschieden werden sollte. Dazu kam es aber nicht. Wolfgang Schäuble schien das politisch gefährlich, er sorgte bei der Deutschen Einheit für den Weg des »Beitritts« nach Artikel 23. Und nun: Weiter so? Wir brauchen dringlich eine kulturgeschichtliche Debatte – für ein europäisches Deutschland.

Der provisorische Charakter des Grundgesetzes, den Artikel 146 vorsieht, ist nicht erloschen. Das deutsche Volk solle demnach in »freier Entscheidung« eines Tages das Grundgesetz mit einer Verfassung aufheben. Wollen wir das, will das etwa der Deutsche Bundestag? Nein: Dazu fehlen der politische Mut und Wille und sicherlich auch die Erkenntnis, dass unser Grundgesetz ein modernes Gesetzeswerk ist, das sich bewährt hat. Indes ist zu unterscheiden zwischen der Verfasstheit Deutschlands in rechtlicher Hinsicht und jener, die jedem Staatsbürger nahebringt, welche Rolle Staat und Nation spielen sollen. Wollen wir überhaupt noch ein Staat sein oder wie Ursula von der Leyen und Martin Schulz es vertreten, aufgehen in den »Vereinigten Staaten von Europa«? Selbst die FDP hat dies so ins Parteiprogramm geschrieben! Ein breit angelegtes öffentliches Gespräch über unsere Verfassung und über die Fragen, was uns als Deutsche und Europäer wirklich bindet – geschichtlich, kulturell und auch ethnisch – hätte Auswirkungen auf alle Politikbereiche und könnte die Auflösungserscheinungen, die Unsicherheiten und das Sich-fremd-fühlen vieler aufgreifen. Bisher reagieren wir immer mit Blick auf die Verheerungen der deutschen Geschichte und schaffen es nicht, ein staatphilosophisch und geisteswissenschaftlich plausibles Deutschland-Konzept zu entwickeln, nämlich einen Gesellschaftsvertrag, der wirklich trägt und zusammenführt. Staatsphilosophen wie Bernhard Schlink erkennen das und auch: Wie sehr die politische Terminologie vernebelt. Wir Staatsbürger – die sich als Citoyen verstehen – brauchen ein bestimmtes Maß an Selbstvergewisserung. Das brauchen aber auch unsere Partner in Europa und in der Welt. Diese warten auf unser Selbstverständnis mit der bangen Frage: Was will Deutschland? Und wenn wir 2020 die Deutsche Einheit zum 30. Mal feiern und über Deutschland nachdenken, müssen wir auf unsere geistesgeschichtlichen Begründungen von über 2000 Jahren einlassen und darauf, dass das Schwarz-Rot-Gold nur eine Farbe unter vielen ist, aber ein Symbol der Freiheit. Und wir müssen uns fragen, ob Begriffe wie »jüdisch-christliches Wertefundament« nicht verlogen sind, da sie den christlichen Antijudaismus verleugnen. Denn dieser führte zum NS-Staat. Und wir sollten uns klar machen, dass der demokratische Rechtsstaat beides braucht: Das Volk und das Recht. Über beidem steht dann aber nicht »die Politik« als Leitinstanz. Die vehement von der Kanzlerin verteidigte und – fortwirkende – Entscheidung vom September 2015 ist da nur ein Beispiel.

Der Zweite Weltkrieg und der Völkermord an unseren deutschen und europäischen jüdischen Mitbürgern bleiben immer mit dem Begriff »deutsch« verbunden. Da kann es keinen politischen Abschied geben. Aber eine andere Tatsache haben wir Deutsche geistesgeschichtlich noch nicht vollzogen: Etwa ein Drittel Deutschlands, also des alten Reichsgebiets, wurde durch den Zwei-Plus-Vier-Vertrag von 1990 an die Sowjetunion (nämlich das nördliche Ostpreußen) und an die Volksrepublik Polen, die sich am 17. Juni 1990 in Paris in die 2 plus 4-Diskussionen massiv einbrachte, abgetreten. Damit wurde völkerrechtlich anerkannt, was de facto schon durch die Potsdamer Konferenz von 1945 diesen Ländern zugesprochen war. Dazu gehörten übrigens nicht Stettin und Swinemünde, diese Städte nahm sich Polen recht eigendynamisch außerhalb der Potsdamer Grenzziehungen. Das alte Ostelbien, die preußisch-protestantischen Ostgebiete, liegen nun außerhalb Deutschlands, sie gehören nun überwiegend zu Polen, was bei dessen Reparationsansprüchen ins Gewicht fallen dürfte. Aber vielleicht ist das Staatsgebiet nun endlich so geschnitten, wie es kulturgeschichtlich dem modernen Deutschland entspricht, einem Land, das sich aus der preußisch-dominanten Rolle verabschiedet hat und endlich mehr den rheinischen, süddeutschen und westeuropäischen Spuren in Kultur und Geschichte zuwenden kann. Der britische Schriftsteller und Historiker James Hawes ist heute genau dieser Meinung: Europa müsse anerkennen, dass die Jahre zwischen 1871 und 1945 eine preußische Anomalie für das Land zwischen Rhein, Elbe und den Alpen darstellten. Ein bedenkenswerter Zuruf. Würden wir ihn hören, könnten wir auch insofern politisch weicher und versöhnlicher werden. Und vor allem würde das einen souveränen Umgang mit der eigenen Geschichte auslösen, einer Geschichte, die keine Grenzen zieht.

SUSANNE CAMOUFLAHSCH

Unter falscher Flagge
für Ferdinand Freiligrath

unweit von Rüdesheims lautester gasse wo's
die weindrosseln von den schindeln trällern
wo sangesfreudige touristen nicht immer
tritt-, ton- und melodiesicher ihrer
feucht-fröhlichen stimmung gern
exzessiv ausdruck geben und wo manche
misston-wahl die schrägsten klänge offenbart
fürchten schiffer das Binger Loch
lockt die Nahemündung wo
Hattos Mäuseturm und die patina von
Germanias bronze nur matt noch glänzen

ein brennpunkt deutscher Rheinromantik
hier trafen Roms legionen auf Germanen
freundlich auch doch öfter mit dem schwert
friedlich reisende wandern am strom
glücksucher gelehrte vor allem händler
nutzen das tal als pfad vom mittelmeer zu
den bernsteinküsten weit oben im norden

all diesen menschen bot ein gastlich haus
hunderte von jahren schon der Kronenwirt
zu Assmannshausen fast ideal
zwischen strom und steilem rebgestein

lieblich gelegen als quartier
ufernah am steg der schiffe
auch der weiten welt verbunden

man trinkt man plaudert und erzählt man sitzt
trinkt derweil man lauscht nimmt einen schluck
man schlemmt und trinkt erörtert große politik
verkostet edle tropfen die im herbst ganz jung
trüb der gärung wegen noch mit zwiebelkuchen
                                        munden
spinnt eifrig garn der weitgereisten schiffer und
müden wanderer bei guten tropfen
fabuliert zünft'ger waidmänner latein und trinkt
auch mancher dichter kehrt hier ein

so 1844 ebenfalls der junge Freiligrath
erfolgsverwöhnt nach ersten drucken
doch unzufrieden denn sein leben reimt sich nicht
auf sein gewissen und vor allem Preußens politik
zwar bot ein könig ihm gar einen ehrensold
doch fühlt' er deshalb sich in dessen schold

aller ehren wert der mann der dies vermittelt doch
auch der lebt lieber in Paris denn in Berlin
am liebsten noch weit draußen in der welt
s'ist von Humboldts Alexander und so schreibt
Freiligrath selbst in einem brief an einen freund
»frei und ungehemmt« wolle er dastehen: »die paar
hundert Thaler sind und bleiben doch ein Maulkorb«
klagt's und weist die ehrenpension retour

es gärt wie junger wein in ihm da reifen verse
er greift zur feder schreibt auf was ihn und viele
unter Preußens stiefeln zur empörung treibt
weiß aber auch: weder schlau noch integer nein
»Dummköpfe« sind deutsche zensoren
leben gutdotiert und haben wache ohren
doch kreativer umgang hilft mit etiketten weiter
er segelt unter falscher flagge nennt's bieder
sein »Glaubensbekenntniß« und »Zeitgedichte«
bietet statt staatsfromm geschönter geschichte
genaue beobachtung und beißende satire

entstanden in der »Krone« von Freiligrath selbst
»Vierundvierz'ger Asmannshäuser« betitelt
dem wirt sei dank dass er dies nicht vergaß
sogar das dichterstübchen und den sekretär bewahrte
und nun der nachwelt offenhält wie hier ein autor
einst freiem wort den vorzug gab vor
preußischer pension und letztlich zuflucht fand
in London im exil und Preußen meiden musste
spät kam er erst zurück in deutsche mini-länder
nach Württemberg – Berlin blieb ihm verwehrt

Was soll es bedeuten …
für Heinrich Heine

wohl nur wenige autoren
haben Deutschlands sprache
kultur und literatur
seine philosophie
so erfolgreich weltweit verbreitet
haben so nachhaltig
für unsere heimat geworben

wegen des glaubens seiner familie
und natürlich seiner ideen
deren größter nachteil
für die obrigkeit darin bestand
dass er sie meisterlich
mit witz und charme
zu formulieren verstand
in volksliedhafter manier
vorlagen für lieder und
deshalb leicht zu verbreiten
mit vergnügen zu singen
verständlich für die beherrschten

besonders als die herrschaft umschlug
in staatlichen terror und barbarei
blieben die lieder populär
des 1831 geflohenen
chöre sangen sie und liederkränze

SUSANNE CAMOUFLAHSCH | 21

was man nicht verhindern könne
dachten die mächtigen
müsse man dulden aber nicht
den namen des dichters
»verfasser unbekannt« las man
von da an in den liederbüchern
als hinweis zu den texten

bis heute singt man seine verse
übersetzt in sprachen aller welt
auch in seiner heimat
japanische gruppen
hörte ich dort und
sänger aus Korea
auf dem raddampfer »Goethe«
sie stimmen am Mittelrhein an
»ich weiß nicht …«

tragen heim die weisen
deren autor
in Paris starb im exil
lange bereits begraben
in der matratzengruft
doch nicht vergessen
weltweit bis jetzt

alle dinge

vater mutterweib und schwester
trug in seine tabellen ein der mensch
und ward ein baum gemacht

so um unser harnbläschen zu leeren
der himmel so dass ich auf ihn baue
 und doch fließt wasser und malt von selbst

nimm diesen kranichschwarm
diese akrobaten auf der strickleiter
noch vor den buchstaben beschleunigend
zu einem scharfen L.

der schnabel reicht nicht und auch im gutmensch
schwankt der kandidat zugunsten der streicher.

etwas bewegt sich auf dem rücken der pendler
jemand spricht. herz oder huhn
ich denke einhundert

im lämmlein

am mittelrhein
wo die frachtkähne sich drängen
dreischiffiges gotisches augenwerk
barocke madonnenblicke
schaut auf zu mir
ihr kleinen nachwuchssünderlein
unkels untaten schutzengelrabatte
festnahmen nach vereinbarung
zum beispiel
hotel schulz, im lämmlein
ist wein augenwein
ist selbstbeschleuniger, direktsaft
aus innerfamiliärer kläranlage
gepflegter ausschank
mit wochenend alleinunterhaltung
duo oder trio unter blauen trauben
das madonnenrelief und der wein
der tropft von den rebdachgärten
auf unsere schlachtplatte

lorch

der rheingau, seine lockung
die da auf den dampfer drängen
strom hügel wald und aue
schmetternde kapellen
die damen noch mit hut beim kuchen
die berge pappeln wie im walzertakt
hier hat an knappen tagen das wasser
vierzehn grad
links liegt die löwenburg
im innenhof zeugt die pagode
die sperlingsbäume einer wappengalerie
für eine handvoll lorch
winkt uns die sonne hinter wolken
der himmel achselzuckend
um darauf zu schreiben

unkel. ufer

hier im bogen
wird der strom zum see

entlassungen
ernst und festnahmen
biegen und beugen
erinnerungskurven

eben noch der rheindampfer
auf kriechsohlen ungefähr dort wo
das schubschiff im rheinbogen verschwindet
das schild *kläranlage*

Lob des heimischen Weines

Wer in Oberdollendorf auf der Heisterbacher Straße die Cäsariustraße kreuzt, passiert die von Ernemann Sander beeindruckend gestaltete Bronzeplastik des Cäsarius von Heisterbach. Sorgenvoll beugt sich der erste Abt des ehemaligen Klosters Heisterbach über seine Schriften. Es scheint, als käme er niemals zu einem Ende, zu sehr gebeutelt wurde die Welt seit seinem Ableben im Jahre 1240. Ihm und seinen Mitbrüdern verdanken wir die Verfeinerung des Weinbaus im Siebengebirge und den Spruch:

Wer den Wein ohne Andacht trinkt, der säuft;
wer ihn mit Andacht trinkt, der betet.

Auf der Heisterbacher Straße weiterschlendernd, kommen wir an der Kirche St. Laurentius vorbei. Dahinter türmen sich, unterhalb der Dollendorfer Hardt, die rebenbegrünten Hänge der Weinlagen Rosenhügel und Sülzenberg. Wenig später, inmitten der Weinlage Rosenhügel, fällt eine weitere Bronzeplastik von Ernemann Sander ins Auge: *Maria im Weinberg.* Und in der Tat gibt Maria ihrem Sohn eine Traube in den Mund.

Der Anblick dieser Plastik erinnert mich an eine Weinprobe, bei der eine ältere, in meiner Nähe sitzende Frau mit stechendem Blick nach meinem dritten Glas spöttisch bemerkte, ich sei wohl, wie so mancher, ein stiller Säufer. Das beifällige Nicken ihres Mannes – beide hatten sich kostenneutral mehrere 2011er Kransteiner, reines Uferfiltrat, genehmigt – verschlug mir die Sprache. Alkohol jedweder Art, setzte der Mann fort, sei abzulehnen, führe in die Krankheit und zu einem schnellen Ende. Darauf beendete ich abrupt das Trinken.

Früh schon warnte man vor übermäßigem Weingenuss. Bereits im 4. Jahrhundert beschrieb der Athener Eubulos die Wirkung von zehn Amphoren Wein. Die erste bewirke Gesundheit, die zweite Lust und Liebe, die dritte Schlaf, die vierte Ausgelassenheit, die fünfte Geschrei, die sechste Neckerei, die siebente Schlägerei, die achte Zeugenaufrufe, die neunte Zorn und die zehnte Raserei. Gerade die Wirkung der letzten fünf Amphoren macht nachdenklich.

So gesehen, dürfte der Koran bestätigt werden, der lehrt, *durch Wein und Spiel wolle der Satan nur Feindschaft und Hass unter uns stiften und uns vom Denken an Allah abbringen.*

Der Direktor der Kriminologischen Zentralstelle Wiesbaden, Rudolf Egg, äußert in der RP Online am 22. 08. 2011, es stünde fest, bei Straftaten sei Alkohol die Droge Nummer eins.

Wenn Chantal, die Ehefrau meines Wanderfreundes, ihren Hausarzt aufsucht, richtet dieser regelmäßig an sie die Frage, ob sie Wein trinke. Als feinsinnige Kennerin der deutschen Sprache, freilich unterlegt mit einem bezaubernden französischen Akzent, schildert sie den Fortgang der vom Arzt einseitig geführten Unterhaltung wie folgt: *Ach so, Sie sind Französin*, woraufhin er unter der

Rubrik Alkoholgenuss vermerkt, sie sei Trinkerin, was Chantal wiederum verständlicherweise mit der Bemerkung kommentierte: *Ich könnte ihn ermorden.* Totschlagen wäre der juristisch richtige Begriff. Sie hat von der Ausführung einer Straftat aus einsichtigen Gründen abgesehen. In einer Haftanstalt wird kein Wein ausgeschenkt, jedenfalls nicht in Deutschland.

So scheint denn Jean Pauls Sinnspruch durchaus zutreffend: *Der Wein wirkt stärkend auf den Geisteszustand, den er vorfindet; er macht die Dummen dümmer, die Klugen klüger.*

Andererseits wird Jean Pauls Ausspruch in einer Situation bestätigt, in der man es nicht vermutet: Als die beiden großen Schweizer Dichter Gottfried Keller und Conrad Ferdinand Meyer nach einem durchzechten Abend nach Hause wandelten, soll Keller gesagt haben, der Wein sei ihm zu Kopfe gestiegen, worauf Meyer geantwortet haben soll, der Wein mache sich immer in dem Körperteil bemerkbar, der am schwächsten entwickelt sei. Bei ihm seien das die Beine, bei Keller der Kopf. Ich glaube jedoch, hier scheint eher der Satz von Konfuzius zuzutreffen, der besagt, am Rausch sei nicht der Wein, sondern der Trinker schuld.

Doch kommen wir zurück auf jene wunderbare Plastik von Ernemann Sander, auf *Maria im Weinberg*, die ausgerechnet von einem Pfarrer gestiftet wurde. Sie erinnert mich an Lucas Cranachs *Madonna mit der Weintraube*, die in der Münchener Pinakothek hängt. Die von Mutter und Kind gehaltene Weintraube ist kein beliebiges Requisit, sondern verweist sowohl auf Maria als auch auf

Christus. Nach altchristlichen Vorstellungen galt die Muttergottes als Rebe, an der der Knabe als göttliche Traube gereift war. Sanders' Maria im Weinberg und Lucas Cranachs Maria wirken beide trieftraurig. Dieser Ausdruck kann vermutlich nur im Hinblick auf das Sakrament des Abendmahls und als Hinweis auf Christi künftige Bestimmung verstanden werden.

Kommt dem Wein aber eine derart tiefe Bedeutung zu, so scheint es kaum angemessen, ihn zu verteufeln. Wir sollten uns vielmehr dem großen antiken Arzt Hippokrates anschließen, der im *Wein ein Ding sah, das in wunderbarer Weise für den Menschen geeignet sei, vorausgesetzt, es werde bei guter und schlechter Gesundheit sinnvoll und im rechten Maße verwandt.*

Ob dieser Grundsatz allerdings immer berücksichtigt wird, mag dahingestellt sein. Ein Bericht über den Weinverbrauch im Elisabeth-Hospital in Darmstadt aus dem Jahre 1871 schildert folgendes: In einem Zeitraum von sechs Monaten, währenddessen 755 Patienten behandelt wurden, betrug die verordnete und konsumierte Menge 4633 Flaschen Weißwein sowie 6233 Flaschen Rotwein. Hinzu kamen 60 Flaschen Champagner, einige Dutzend Bouteillen Weißwein gehobener Qualität, etliche Flaschen Bordeaux und ungefähr 350 Flaschen Portwein. Man kann messerscharf folgern, daß die Patienten dieser sicherlich immer vollbelegten Klinik meist benebelt, wenn nicht ständig betrunken waren. So gesehen verwundert es nicht, wenn es in der lutherschen Übersetzung von Psalm 104, Vers 15 heißt: *Und dass der Wein erfreue des Menschen Herz.*

Bemerkenswert jedoch bleibt, daß der Wein als Arznei und damit die Weintherapie in der abendländischen Heilkunst eine wesentliche Rolle spielte. Im 19. Jahrhundert allerdings entwickelte sich die Medizin zu einer reinen Naturwissenschaft und verschrieb sich einer neuen Pharmazie. Der Wein verlor in den letzten 150 Jahren seinen guten Ruf und geriet in den Verdacht, ein gefährliches Genussmittel zu sein. Es wäre besser gewesen, sich an die Worte des großen, 1135 in Córdoba geborenen, jüdischen Gelehrten Moses Maimonides zu erinnern. Der befand, je älter ein Mensch sei, desto nützlicher sei für ihn der Wein. Von allen Menschen am nötigsten hätten ihn die Greise. Wilhelm Busch vermerkt daher folgerichtig:

Rotwein ist für alte Knaben
Eine von den besten Gaben.

Wo in den fünfziger Jahren des vorigen Jahrhunderts noch ausgedehnte Wingerte die Rheinlandschaft prägten, hat heute spärlicher Baum- und Grasbewuchs die früheren Steillagen erobert. In seiner Novelle *Moselfahrt aus Liebeskummer* richtet Rudolf G. Binding an eine geheimnisvolle Schöne die bezeichnende Frage: »Den Wein rechnen Sie auch zur Landschaft?« – »Ja, gewiß das: Er ist wie das Land«, antwortet sie. Indessen ist uns die Gewissheit, wonach Wein und Landschaft eine untrennbare Einheit bilden, längst abhanden gekommen. Die Winzer können ein *Lidl* davon singen, wenn sie an *all die* günstigen Angebote aus anderen Ländern denken, die ihnen das Überleben schwer machen.

Mancher selbsternannte Weinkenner äußert Vorbehalte gegen Wein aus dem Siebengebirge und zieht französische Weine vor. Gegen den französischen Wein ist nichts einzuwenden, gegen den Vergleich sehr wohl. Er entlarvt die fehlende Kenntnis vom hiesigen Wein. Eine besondere Art, sein Weinverständnis zu belegen, lieferte vor einiger Zeit ein älterer Herr auf dem Kölner Weinmarkt. Er hielt seinen Nachbarn einen umfassenden Vortrag über die an Ahr und Rhein wachsenden Weinsorten. Mein Bekannter, eher Biertrinker, hörte fassungslos zu und fasste seine Bewunderung in dem Satz *Sie scheinen ein exzellenter Weinkenner zu sein* zusammen. Der andere kommentierte kölnisch trocken: »Nä, ich hann mich durchjedrunke.«

Stellen wir uns abschließend den Blick vom Drachenfels auf die tief darunter sich ausbreitende Weinlage *Drachenfels* vor, auf jene hinreißend unter dem Felsen eingebettete Steillage, in der ein vorzüglicher Riesling gedeiht. Und dort, nicht weit von diesem trachytgeprägten Terroir, erblickte mich in einem Rhöndorfer Restaurant die schon mehrfach erwähnte Dame mit stechendem Blick und böser Zunge – weintrinkend, in Georg Brittings Gedichtband *Lob des Weines* blätternd – und bemerkte süffisant: *Dort sitzt er wieder und säuft.* In diesem Moment ertönte zur Überraschung aller, woher auch immer, eine donnernde Stimme:

Störe ihn nicht; er betet.

Der feine Unterschied

Manche verlieren ihre Haare
den Kopf, die Geldbörse,
Wahlen, keine Worte,
das Gebiss, die Orientierung,
die Haltung, die Fassung,
den Geschmack, die Lust,
das Leben, das Gesicht,
den Faden, vor Gericht
oder gar die Geduld –
wie Nashörner,
rückt man ihnen zu nahe.

Zuweilen wünscht' ich mir,
auch ich wär' ein Nashorn,
mit dicker Haut und spitzer Nase,
stürmte schnaubend heran
mit wutgesenktem Horn,
die andern kopflos voran,
und ich – mit Kopf hinterher.

In solchem Falle leider
stellte man mich vor Gericht,
ein Nashorn bekanntlich nicht.

Für Kurt Roessler zum Achtzigsten
*Dem Forscher, dem Auf-den-Grund-geher, dem
All-Umfassend-Neugierigen einige Gedichte
rund um die Wissenschaft:*

Sprungbereit.

für Kurt Roessler

Gedanken springen
Von morgens bis abends
Und zurück
Und weiter.

Schwung voll,
Landung hart oder abgefedert aber
Mit Aufbruch darin,
Immer neu,
Immer weiter.

Ist jeder von Geburt an
Forscher: Geburtsrecht Wissbegier
Jedem, gleich welchen Geschlechts.
Wenige nur ein Leben lang
Leben dies weiter.
Dass es vergönnt ist

Noch im Achtzigsten Jahr
Und weiter
Sprungbereit zu sein!

Immer springen
Die Gedanken Dir.
So sei es weiter.

Heurekanisch.

Geblendet vom
Jähen Glück einer
Langsam errungenen
Erkenntnis.

Das Ganze
Hinter der Summe
Der Teile
Erkennen, dennoch.

Im Gewirr der
Nanofragmente, der Bits
Aufgetürmter Antworten

Dennoch
Das Leben
Erfahren.

Wissenschaft.

Durchtränkt von Fragen
Tasten nach Wahrheiten.

Jede Antwort nistet
In Unerkanntem.
Gewissheiten nur Trittsteine
Im weglosen Schwemmland
Hinter neuen Ufern.
Mühevoll erreicht, doch
Nur Sekunden tragend.

Vergiss den Faust nicht:
Nichts weißt du je!

Aber dennoch:
Täglich neu fragen.

ARMIN FOXIUS

Lyrische Landschaften, rheinische Heimat, Weltläufigkeit

Man sitzt auf einem Steinvorsprung im Rolandsbogen. Man, das sind Kurt Roessler, im Folgenden, aus alter Freundschaft, Kurt, und der Verf. – Man sitzt also im Rolandsbogen. Und ruhig fließt der Rhein.

Kurt weiß, wo das Rheingold verborgen liegt. Aber nur sukzessive und Kleinod für Kleinod hebt er es.

Von falschem Bewuchs hat man den Bogen befreit: blank, trutzig. Eine Ruine zwar, aber eine wehrhafte. Gegenüber liegt das Siebengebirge mit seinen 40 Hügeln und Berglein. Hinter uns liegt Bonn, das jetzt in Berlin haust. Und nach Norden hin, da liegt KÖLN. Und da kommt Kurt her.

Man sitzt auf der Klappbank einer Festzeltgarnitur aus älterem Bestand, noch in der DDR hergestellt. Es ist Pfarrfest in St. Aposteln, ein schöner Frühsommertag an Trinitatis, dem ersten Sonntag nach Pfingsten. Da zu diesem Termin der Heilige Geist in Feuerzungen auf die Menschen niederkam, blüht Kurt hier auf, und er redet und erklärt, animiert zum Weintrinken und könnte *urbi et orbi* umarmen. Am Morgen hat er noch in der Schola auf Latein die liturgischen Lobgesänge einer seit 2000 Jahren operierenden Organisation zur Verbreitung von Seelenheil gesungen, ist dann, wie in Köln gern geschehen, in einem Zug, hier Prozession genannt, durch Karree, Viertel und Sprengel gezogen, laut betend und sich zeigend.

Das finale *Tantum Ergo* wird auswendig geschmettert. Und dann sitzt man eben im wohligen Weichbild dieser großartigen romanischen Kirche neben dem verkehrsumtosten Neumarkt und lässt es sich gut gehen neben all dem kleinkarierten Klerikalismus und den Schwarzen Löchern dieses Universums. Am späten Nachmittag, als genug gegessen und getrunken ist, geht die Pfarrkirmes zu Ende. Und Kurt kommt jetzt im Priestergewand und mit Wassereimer und Klobürste als Aspergill, also als Weihwassersprenger, und er fegt wie ein Irrwisch durch die Sitzgruppen und animiert zum Singen einer eigenen Allerheiligenlitanei voller Blasphemie und tiefster Volksfrömmigkeit und führt an einen furiosen Tanz um die Basilika.

Man sitzt nebeneinander im Lokal »riphahn« an der Ecke zur Hahnenstraße. Und das ist benannt nach dem Kölner Architekten Wilhelm Riphahn, der nach dem Krieg einfallsreich Nazipläne und Kriegsschäden hier im Karree umgestaltet hat. Und was kann Kurt da alles zu sagen. – Aber das ist jetzt nicht das Thema. Lyrische Texte des Verf. sollen zu einem Bändchen gebündelt werden und den *Rhein* zum Thema haben. Da gibt es keinen besseren Ratgeber als Kurt, *den* Fachmann für Rheinlyrik, von Thema her und Textsorte. Die Ratschläge sind zielführend und dürfen auch verworfen werden, es herrscht Kollegialität. Und obendrauf gibt es noch ein einordnendes und wohlwollendes Nachwort. Und Hilfen bei der Präsentation.

Man sitzt auf verschlissener Lederbank über Eck im größeren Wirtssaal von »Haus Neuglück«, oft euphemistisch als »Schloss« bezeichnet. Das liegt in Bennerscheid, einem Ortsteil des Bergbereichs von Königswinter. Der

Verf. hat in der Nähe ein Wochenendhäuslein aus Fachwerk und kennt »Neuglück« als Relikt von Kleinbergbau und als aktuelles Lokal. Und ist mal mit Kurt in Köln zufällig darüber ins Gespräch gekommen. Und dann: Guillaume Apollinaire. Ja, der! Der große französische Dichter, mit seinen speziellen Beziehungen zum Rheinland, zum Siebengebirge. Und damit zu Kurt Roessler.

Da trifft man sich dann baldigst an der Wirkungsstätte dieses ehemaligen Hauslehrers, und Kurt sprudelt über, zitiert aus mitgebrachten Kopien und rezitiert frei; und da der Verf. Französisch kann, ist das ein schönes Miteinander, vor allem Zuhören.

Man sitzt auf einem Stumpf am Fuß des kärglichen Rests der Burganlage vom Drachenfels. Man ist mit der Zahnradbahn hochgefahren, die letzten Esel sind längst dem Abdecker zugeführt. Man feiert den Fünfzigsten einer Bekannten aus dem Chor an St. Aposteln. Kurt liest und trägt vor, zeigt vom Adenauerhaus über Grafenwerth bis Bornheim, Bonn und Köln, schlägt den Bogen von *Remagen Bridge* bis zur Römerbrücke der CCAA.

Und man verkostet Kurts Wein vom gegenüber liegenden Rodderberg und denkt in seinem schlichten Gemüt: Nä, es dat schön!

Selten hat man so produktiv mit einem Menschen, eben unserem Kurt Roessler, gesessen, ist so mit ihm durch Landschaften und Zeiten gewandert, hat so mitwirken dürfen am Bau dieser Lyrischen Landschaft, diesem Großmosaik *Rhenania*. Und man merkt, welche Tiefe, Vielfalt und Weltläufigkeit in diesem Begriff steckt: Heimat.

Mariechen

Jacob von Conigsdorff ging über den Heumarkt zum Rhein hinunter. Es war einer der ersten warmen Frühlingstage, und ein frischer Wind wehte vom Fluß herüber. Er blies die üblen Gerüche, die hartnäckig in den engen Gassen hingen, zumindest ein wenig davon. Jacob benötigte dringend einen freien Kopf, und deshalb hatte er sich zum Fluß aufgemacht. Das Wasser und die großen Handelsschiffe, die vollbeladen auf die Stadt zusteuerten, lenkten ihn ab von allen Sorgen und Grübeleien.

Eine Madonna hatte der Pfarrer von St. Georg bei ihm in Auftrag gegeben. Eine Gottesmutter mit Kind sollte es sein. Jacob von Conigsdorff kannte alle Statuen der heiligen Jungfrau Maria in den Kölner Kirchen. Zu jedem der zahlreichen Gotteshäuser in der Stadt war er hingegangen, um die Mariendarstellungen zu betrachten. Immer auf der Suche nach einer heiligen Jungfrau, die ihm als Vorbild dienen konnte. Und jedesmal war er entmutigt zurück nach Hause gekommen. Die Marien in den Kölner Kirchen waren wunderschön, sie waren Zeugen der Kunstfertigkeit der Meister, die sie geschaffen hatten. Sie waren entrückte Heilige, sie lächelten milde gen Himmel oder schauten ernsthaft auf die Gläubigen hinunter. Und auch das starr und aufrecht auf ihrem Arm thronende Kind ähnelte keinem Kind, das er jemals in den Straßen und Gassen von Köln gesehen hatte. Die Madonnen waren beeindruckend, aber es fehlte ihnen etwas, das er lange nicht in Worte fassen konnte. Erst gestern war die Erkenntnis aus heiterem Himmel über ihn gekommen.

Am gestrigen Sonntag war es gewesen, da hatten er und seine Frau Margarethe auf dem Heimweg von der heiligen Messe Linzenichs Marie getroffen, die er schon als kleines Mädchen gekannt hatte und die mittlerweile zu einer hübschen jungen Frau herangewachsen war. Sie hatte den Schuhmacher Peter Stosberg geheiratet und war gestern mit ihrem Erstgeborenen auf dem Arm auf dem Weg zu ihren Eltern gewesen. Der kleine Anton war ein munteres kleines Kerlchen mit den gleichen roten Bäckchen wie sie auch seine Mutter zierten. Er lachte und krähte und freute sich über jeden, der ihm wie Margarethe zärtlich in die Wange kniff. Und als Jacob Marie mit ihrem kleinen Sohn gesehen hatte, da hatte er es begriffen: Glückliche junge Mütter waren all die wunderbaren Madonnen in den Kölner Kirchen nicht.

Und während Jacob am Ufer des Rheines stand und die Schiffe betrachtete, fragte er sich, ob nicht auch die junge Maria eine glückliche junge Mutter gewesen war, die ihren kleinen Sohn voller Stolz und Freude der Welt präsentiert hatte. Natürlich hatte der Engel ihr verkündet, ihr Sohn sei der Sohn Gottes und für Großes bestimmt. Aber Maria war doch auch eine junge Frau gewesen, die zum ersten Mal Mutter geworden war. Und auch der kleine Jesus würde sich mit kaum einem Jahr, als er weder laufen noch sprechen konnte, nicht von anderen Kindern unterschieden haben. Jacob blickte zum Dom, dem mächtigen Bau zur Ehre Gottes, hinüber und wußte plötzlich, wie seine Gottesmutter aussehen würde. Es hatte sich soviel verändert in Köln in den letzten Jahren. Und seine Madonna würde auch etwas Neues sein.

Als er wieder zuhause war, begab er sich sofort in seine Werkstatt. Er suchte ein gut abgelagertes Stück Nußholz in der passenden Größe aus seinem Vorrat und begann. Jetzt, da er wußte, wie seine Gottesmutter aussehen sollte, ging ihm die Arbeit leicht von der Hand. Erst als die Dunkelheit hereinbrach, bemerkte er, daß er hungrig und durstig war. Er hatte das Stück Holz bearbeitet wie in einer Art Rausch. Aber es war ein anderer Rausch als der, der durch den Genuß von Wein oder Bier erzeugt wurde. Sein Rausch war von einer anderen, höheren Art. Als führe ihm eine unsichtbare höhere Macht die Hand. Dieses Gefühl überkam ihn nun jedesmal, wenn er sein Werkzeug zur Hand nahm, um das harte Holz zu bearbeiten. Und dieses Mal erwies sich das Holz auch nicht als sperrig und widerspenstig, fast war es, als könne es kaum erwarten, zu einer Madonna zu werden. So hatte er sein Handwerk noch nie erlebt, zum ersten Mal schien er wirklich eins zu sein mit dem, was er erschuf. Es war seine Madonna, nicht nur ein Abbild einer anderen Skulptur, die er irgendwo gesehen hatte. Seine heilige Maria war ganz allein seiner Vorstellung entsprungen. Die schwingenden Falten ihres Gewandes, das rundliche Gesicht, das offene lockige Haar, das ihr über die Schultern floß, die anmutige und zugleich stolze Haltung, in der sie den kleinen Jesus auf dem Arm hielt. Und der saß auch nicht starr da, sondern hatte seinen kleinen nackten Körper ein wenig nach vorne gedreht, wie Säuglinge das eben taten. Eine Mutter, die voller Freude ihren munteren kleinen Sohn präsentierte. Und hatte Maria nicht allen Grund gehabt, der Welt ihren Sohn so freudig vorzuzeigen?

Als er mit der Schnitzarbeit fertig war, entschloß er sich, die Skulptur seiner Margarethe zu zeigen. Er führte sie in die Werkstatt und wies mit einer ausholenden Bewegung auf die Madonna, die auf seinem Arbeitstisch stand.

»Oh, wie wunderbar!« rief Margarethe entzückt. »Was für eine schöne Madonna. Und sie und das Kind sehen so lebendig aus!«

»Warte nur ab, wenn ich sie bemalt habe«, sagte er, erfreut über ihre Begeisterung. Wenn Margarethe sein Werk gefiel, dann würde es auch anderen Betrachtern gefallen.

Am nächsten Morgen machte er sich daran, die Skulptur zu bemalen. Er schätzte sich glücklich, auch das Handwerk der Fassmalerei erlernt zu haben. So mußte er die Bemalung nicht einem anderen Meister überlassen, sondern konnte die Gottesmutter ganz nach dem Bild gestalten, das er von Beginn an im Kopf hatte. Erst trug er die Grundierung auf, dann machte er sich daran, die Farben aufzutragen. Es war eine Freude zu sehen, wie Mutter und Kind mit jedem Pinselstrich an Leben gewannen. Das blaue Gewand der Jungfrau, das an den Himmel gemahnte, schwang luftig um ihre zierliche Gestalt. Ihre Augen leuchteten, mit einem lieblich geschwungenen Mund lächelte sie den Betrachter an, das

Kind auf ihrem Arm lachte fröhlich. Er betrachtete sein Werk. Es fehlte noch etwas. Nicht die Vergoldung, die er hier und da zum Schluß auftragen würde. Es war etwas anderes. Er trat ein paar Schritte zurück. Dann griff er zum Pinsel und malte sorgfältig das, was den Figuren noch fehlte, um wirklich lebendig auszusehen. Rosige Bäckchen für die Mutter und den Sohn. Und jetzt strahlten sie wirklich.

Voller Befriedigung rief er nach seiner Frau. Margarethe eilte herbei, sah die bemalte Madonna und klatschte begeistert in die Hände.

»Wunderbar, Jacob«, rief sie und lachte. »Das hast du gut getroffen.«

»Findest du wirklich?« Ihr Lob tat Jacob wie immer gut.

»Aber ja.« Margarethe lachte noch immer entzückt. »Sieh doch hin! Das ist Linzenichs Mariechen mit ihrem kleinen Anton.«

MONIKA KRAUTSCHEID-BOSSE

Zwei Köln-Bilder

MARINA LINARES

Ein Stadt-Teil wandelt sich
(Text in 4 Vierteln)

EIN ALTES STADT-TEIL. KALK, Köln-Kalk seit knapp 100 Jahren, ein Viertel zwischen Stadtrand und Kern. Davor war es eine eigene Stadt nahe der alten Stadt Köln, eine kleine Stadt, die stattlich anwuchs, vor allem ihre Fabriken. Fabriziert wurden Maschinen, den Fortschritt verbreitend, auf Rollen und Rädern, auf Schienen und Strecken, dampfbetriebene Rotation. Und aus allen Schloten dampfend, die chemische Fabrik, Kunststoffe, Säuren, Chloride schaffend. So qualmten die Schornsteine hoch über Kalk, über Kalk und Köln, und qualmten noch, als Kalk schon Köln war. Sie verfärbten die Luft mit ätzendem Schwefelduft, den Arbeitern schwer zu atmen. Und noch bis in die 90er konnte man die Fabrikanlage riechen, wo sie – noch lange unsichtbar – hinter den Arbeitersiedlungen versteckt lag.

EIN STADT-TEIL EIGENER PRÄGUNG. Kalk war geprägt von der Fabrik, der Arbeitsstätte für fast alle Kalker, die in den Siedlungen ringsum der Hallen, Anlagen und Kamine lebten. So wie der Qualm Tag und Nacht durch die alten, verrauchten Hälse zog, hoch über Köln-Kalk verströmte, strömten unten Tag und Nacht die Fabrikarbeiter ein und aus, immer schichtweise, ständiger Betrieb. Und so wie der Bedarf wuchs, wuchs die Arbeit, der Bedarf an Arbeitern, die bald von außerhalb nach Kalk strömten, dann auch aus dem Ausland kamen. Familien zogen nach, verbreiteten bald ein neues Klima im schweflig-grauen Kalk. Mit ihren kleinen Läden, sonnigen Auslagen, exotische Waren feilbietend, verbreiteten sie fremde Kulturen im urigen Kalk der ewig emsigen Arbeiter. Kalk, eine kleine Stadt einst vor den Toren Kölns, dann ein Teil von Köln, wurde international, eröffnete neue Horizonte.

Das Stadt-Teil in Veränderung: Kalk qualmt nicht mehr, der Rauch ist verzogen, aus den Schornsteinen, Fabrikhallen, aus den Randzonen dieser Stadt. Die Chemische Fabrik Kalk zog aus, ihre Arbeiter zogen weg oder bezogen Arbeitslosengeld – in Kalk wurden sie nicht mehr gebraucht. Sie verzogen sich haltlos, verloren sich am Rande des Viertels, ohne Daseinsgrund, grundlos aufgegeben zogen sie zum Abgrund, als Randerscheinung städtischen Lebens. Bis dahin hatten sie hart gearbeitet, nicht gebettelt, schonungslos geschuftet, als Schichtler, nicht als Schufte, hatten reingeklotzt, nicht gestohlen; und hatten wenigstens etwas, wenig zum Leben, aber mehr als nichts. Die Stadt brauchte sie nicht mehr, denn als die Arbeit nicht mehr rauchte und die Fabriken stillgelegt waren, standen Hallen und Häuser nicht lange still, sondern nahmen Anteil am allgemeinen Aufbruch.

Das neue Stadt-Teil. Kalk hat sich gewandelt, die Arbeiterschicht versinkt in Geschichte, Fabrikhallen beherbergen heute Kunst & Kultur. Der Stadtteil wird offener, nicht nur für fremde Kulturen, sondern auch für die Umgebung, offen für Initiativen, Interessen, Ideen: ‚Kalk gestalten' kürt den alten Turm zum neuen Wahrzeichen, und mächtige Ziegelbauten mischen sich mit Glaspalästen, wo sich Kalk und Deutz zur neuen City vermählen. Aus Brachland wurde Bauland, der Aufbau erhob sich stolz im Trend zur Freizeit, Sauberkeit, Sicherheit – zu einem neuen Arkadien! Und das zog, das zog an, zog alle nach Kalk, und alle kamen, sahen und kauften. Die Alt-Kalker selbst staunten, schauten in die Auslagen der schicken Boutiquen mit großen Augen, offenen Mäulern und leeren Taschen. Sie liefen abseits in die kleineren Läden, schnappten nach Schnäppchen, fischten sich Billigramsch, kauften Kleinzeug für 1 oder Kleidung für 2 oder 3 Euro.

Foto Turm CFK: Marina Linares

Gegebenes wort

auf auf mein geist tief im berg wie schön leuchtet der hat
sein helles licht bei der nacht all morgen ist ganz frisch und
neu du höchstes licht zwischen den zeiten wohl angezündt
und seht wie blindheit uns jahrhunderte lang schlug brie-
der ihr seijd freij dass wir die schönheit des zusammenseins
von juden und christen und all den andern nicht sahn die
geschwister nicht glaube hoffnung liebe glück aufs neue
jahr vitiis nemo sine nascitur samt allen sinnen millenium
clock den ersten tischri fünftausendsiebenhundert fünf-
undsechzig gleich zweitausendundvier den sechzehnten
september unsrer zeitrechnung in den bergen der sierra
diablo tageswechsel und lebenszeichen rheinuferherbst-
markt wars unterm rolandsbogen unterm drachenfels egal
aus einem rabbivonbacherachbuch fielen verschiedne be-
schriebne blätter mir in die hand draus fügte ich besten
wissens und gewissens den textfund auf und gib basken ge-
diehen zu sarazenen zu aschhaufen ὁλοκαύτωμα nichts
weiter berge geboren die niederlage zeit nächte zu wachen
vergeltungswaffen abschussrampen zu sehn vom auge got-
tes aus auf der andern rheinseite erde entstand und das
weltall bimbambum tag und nacht gehts alte um ziel ver-
folgungsmodus rundsuch radar allwetter flugkörper übers
glück sieg den fallenden winkt das himmelreich dingidong
dich ganz herfür wie gis zu as wird kommts neue gong die
organisierten totschläger gegen nicht organisierte totschlä-

ger oder nicht organisierte totschläger gegen die organi-
sierten totschläger oder die nicht organisierten totschläger
gegen nicht organisierte totschläger oder die organisierten
totschläger und diese nicht organisierten totschläger gegen
die nicht organisierten totschläger und die organisierten
totschläger was gegen wo für angelica was reife süsse trau-
ben eleftheria im anfang ist scheitern stinknormal zeit so
niemand zehlen kan ja so fang ich dich an mitternächtlich
und mittagwärts die neubelaubten reben rufzeichen vor
dem aufschrei roland unter umständen so zum markenzei-
chen heroischer grösse auf auf mein herz siebzehn und
siebzig mit falben weiden heften an den pfahl hin und weg
winzerzucht freudenfrucht versteckt und liebt sich im ro-
landseck und berichte lagen vor unter welchen umständen
und euer roland konnte eben nicht sangundklanglos die re-
de gleich den reben gefallen sein und er stiess ins horn den
ruf als wurzgärtlein honigmilde geben nonnen aus dunk-
lem vergangnen im visier durch rolands bogen berge gebo-
ren die erde das weltall the clock of the long now vergessen
vergossen des morgens poésie drachenblut fliesst hinfort
keine zeit mehr die fänget stets von neuem an und dichter-
mund deine jahre enden nicht ist die sage der wörter mass
und zahl verabredete zeichen für notzeiten auf du mein
ganzer sinn ininterrompu אָמְלָע־דַעְו אָמְלָע־זְמ gedeiht aus
denken im stillen dichten wird aus schauen in wirklichkeit
deine sprache laut weiss die nacht sangen syringen spran-
gen konzerne um ferner zeit wegen neu geboren geschaute
gedanken bewirken gedachte gedichte alles alles was ich sei

GEZEICHNETES DU

Pränatale Kunst

Meine Bilder schöpfe ich ausschließlich aus dem Brunnen des Unbewussten.

Aus der Asche der frühen Erinnerungen lasse ich meine *Figurativen Landschaften* entstehen und banne sie in meine Skulpturen und auf die Leinwand.

Die intuitive Logik muss die Fläche beherrschen.

Betrachtet man die Kunst als Geliebte,
so ist sie eine grausame Braut,
sie gibt uns größte Glückseligkeit,
fordert aber von uns das Allerletzte,
und hält uns mit einer leidenschaftlichen
Umklammerung fest in ihrem Bann.

abendwind

alles fragen reden lebt
sachter in den dämmerstunden
wenn ein hauch sich sanft erhebt
und uns aus den tageswunden
heilend staub und splitter weht
über halm und blatt und dorn
streicht ein atemzug mit leisen
seufzern – siebt den abgestreiften zorn
lässt die mauersegler kreisen
glättet gräser wiegt das korn

zug vögel

aufbruch ohne wiederkehr?
nacht um nacht das flügelschlagen
heisere rufe fernwehklagen
der kraniche wohin woher?
wer erinnert ihre bahn
wer kennt den anfang wer das ende
der schneisen über strom und strände
und wer genau den reiseplan?

struktur + wandel

über die brache gehen die winter
ducken sich bagger mit stumpfem zahn
Eisensinter
ein morscher kran
zwischen geborstenen kesselrohren
verrosten hinter rankengestrüpp
lok und loren
weltenentrückt
und gestänge stählerner riesen
ragen wie palisaden empor
in den wiesen
mit trauerflor
zersprungen die öfen und essen
gekippt der kamin gesprengt der schacht
stille messen
um mitternacht

Novemberkind

Das Novemberkind
spielt mit den Regentropfen Klicker
und malt mit dem Finger
Gesichter auf beschlagene Scheiben.

Von den Bäumen pflückt es die Blätter,
die vergessen haben, abzufallen.
Zu Gefährten hat es Gestalten,
die im Nebel wohnen.

Abends läuft es hinaus,
spricht mit der Dunkelheit
und kehrt morgens zurück
mit Nachtreif auf den Brauen.

Aus: Rolf Polander: *In Versen verzettelt. 77 Gedichte.* Aachen: Shaker Media, 2016.

Tile Kolup*

Der Kaiser sein.
Hast du vordem es schon geträumt,
eh du es wurdest?

Ein Mummenschanz zuerst.
Es huldigt dir mit nachgeäffter Devotion
dein Hofstaat, die Vagantenschar.

Du spielst den Kaiser gut
zu allgemeinem Gaudium,
und Volk strömt zu.

»Was gibt es hier zu seh'n?
Der Kaiser Friedrich?
Ist er nicht längst …?«

»Doch sagt man auch,
er halte im Geheimen sich verborgen.«
»Seht selbst!«

---

* Dietrich Holzschuh, genannt Tile Kolup, gab sich als der längst gestorbene Kaiser Friedrich II. aus. Deshalb 1283 in Köln verspottet und verjagt, zog er nach Neuss, wo er Unterstützer fand. Floh von dort mitsamt seinem Anhang vor einer drohenden Intervention durch den Kölner Erzbischof, kam, nachdem er in mehreren Orten »Hof gehalten« hatte, schließlich nach Wetzlar. Dort wurde er, obwohl das einfache Volk ihm

Die Menge wächst,
Hochrufe werden lauter, steigen
dir zu Kopf wie Wein.

Du hebst die Hand zum Gruß,
und Menschen knien vor dir im Staub.
Die Stimme in dir spricht:

Ich *bin* der Kaiser.

huldigte, am 7. Juli 1285 auf Beschluss des Rates, der eine drohende Be-
lagerung der Stadt durch Kaiser Rudolf II. fürchtete, öffentlich ver-
brannt. Diese geheimnisumwitterte Figur hat für den Verfasser des Ge-
dichts, der in Wetzlar aufwuchs eine unverminderte Faszination seit er
mit seiner Schulklasse eine efeuüberwucherte Gedenktafel an der einsti-
gen Hinrichtungsstätte besuchte.

Wein und Wahrheit

Irgendwo
unter der dunklen Oberfläche
am Grund des Glases
muss sie liegen.

Doch bevor ich
das Glas ganz geleert habe,
schenke ich mir nach.
Ich glaube, die Wahrheit

wird stark überschätzt.

Got bis vns Synder gnedig
Kreuze am Wegesrand

»Also«, sagt der Mann und deutet mit der Hand Richtung Südwesten, »also, wenn man hier von dem Haager Heiligenhäuschen über die Hürde fährt, da steht bei Merschbach ein Kreuz, und da steht drauf geschrieben, dass an dieser Stelle ein Kind zu Tode gekommen ist, als das Kind eine Kuh geweidet hat, und diese Kuh ist von Hornissen angegriffen und gestochen worden und ist dann abgehauen. Der Junge aber hat von der Leine nicht mehr loslassen können, und die Kuh hat das Kind zu Tode geschleift.«

Hier im Hunsrück war ein Kind zu Tode gekommen, drunten an der Mosel ein Mann im Fluss ertrunken (1). Auf dem Heimweg vom Markt starb eine Frau, vom Blitz getroffen, von Mörderhand zu Boden gestreckt. Und man hat ihnen ein Kreuz gesetzt.

»Bei uns«, erzählt mir ein Spaziergänger im Eifeler Nitztal, »bei uns ist eins, dat ging zur Luxem runter. Da war ein Schäfer, der hatte zwei Böcke in der Herde, und die zwei Böcke haben den Schäfer tot gemacht. So haben die Alten immer erzählt.« Ob man all diesen Geschichten Glauben schenken darf? »Na, etwas wird schon dran sein!«

Irgendwann sah ich nur noch Kreuze. Wo immer ich hinging. Immer standen da schon ein Flurkreuz, manchmal auch ein Bildstock oder einer dieser schweren alten Nischensteine aus grauer Basaltlava, die die Leute in der

Mayen-Mendiger Gegend Schöpflöffel nennen. Archaisch anmutende Mahnmale (2).

Ich möchte mehr darüber erfahren, hinter ihre Geschichten und Geschichte kommen und versuche es systematisch. Ich beginne in der Nordeifel, mit der Wanderkarte in der Hand. Aber bald schon lasse ich mich treiben, fahre durch Dörfer und an Höfen vorbei hinunter an die Mosel und auf der anderen Seite wieder hoch. Gelange nach Morbach, folge der Hunsrückhöhenstraße bis an den Rhein. Linz, Unkel, der Westerwald und wieder von vorne: Hillesheim, Gerolstein, Kirchwald, die Pellenz. Wohin ich auch komme, zeigen mir die Leute, wenn ich sie anspreche, ihr Lieblingskreuz – am Rand der Landstraße, oberhalb eines Getreidefelds, tief im Wald versteckt, manchmal auch liebevoll eingemauert in die Wand eines neuen Stalls, eines neuen Hauses (3). Und sie erinnern sich alter Erzählungen. Zum Beispiel der von dem 40-jährigen Bernhard Schabbach. Im Januar 1814 machte sich der Hunsrücker auf den Weg hinunter an die Mosel nach

Bernkastel, um Medizin für seine kranke Frau zu holen. Zurück kam er nicht mehr. Man fand ihn sechs Tage später in der Nähe von Gonzerath, erfroren im Schnee. Trotz fehlender Medizin überlebte seine Frau ihn um siebzehn Jahre; vielleicht war sie es, die ihm später das Kreuz setzte.

Unsere Vorfahren hatten Steine auf die Flur und an gefährliche Weggabelungen gelegt, um die Götter milde zu stimmen. Der Glaube blieb, die Form änderte sich. Steine wurden zu Kreuzen. Wie der drei Meter fünfzig hohe Menhir auf dem Ferschweiler Plateau bei Echternach (4), von dem es heißt, dass der Heilige Willibrord um das Jahr 700 herum das Kreuz aus dem oberen Teil des Steins herausgeschlagen hat. Im Laufe der Zeit entwickelten sich aus den Findlingen die Schöpflöffel mit großer Abstellkonsole fürs Allerheiligste und aus diesen allmählich die eigentlichen Kreuze aus Holz, Basalt, Sandstein oder seit dem 19. Jahrhundert auch schon mal aus Metall (5).

Ab 1600 finden sich auf den hohen, schlanken Votivkreuzen Datierungen, oft auch die Namen des Kreuz-

spenders. So flehten »SIMON SCHEFFER, SEIN HAUSFRAU – ANNO 1658« um Schutz für Haus, Vieh und Felder (6). Andere dankten für überstandenes Unheil wie Krankheiten und Hagel: »DIS CHREUTZ HAT DIE OBERBETTINGEN GEMEIN ZU DER ERE GOTTES LASSEN AVFFRICHTEN. ANNO 1672«, entziffere ich auf einem Eifeler Pestkreuz, das entlang eines alten Handelswegs steht (7).

Breiter und meist niedriger als die Ehre-Gottes-Kreuze sind Unglücks- und Mordkreuze. Besonders auf den letzteren kann der Wanderer ganze Kriminalgeschichten eingemeißelt finden. »1814 DEN 15. AUGUST DES ABENS UM 9 UHR WURDE HIER DER EHR UND TUGENDSAME JUNGESEL JOSEPH BRACHTENDORF ALT 22 JAHR VOM KERGESHOF VON SEINEM BESTEN FREUND DEN ER NOCH EINIGE MINUTEN ZU-VOR KÜSTE IAEMERLICH ERMORDET. BETET FÜR IHN. RIP«, heißt es auf einem Kreuz an einer Landstraße auf dem Maifeld oberhalb der Mosel (8).

An einen angeblichen Mord erinnert auch ein kleines Kreuz aus Drachenfelser Trachyt mit der eingemeißelten Jahreszahl 1388 und dem Symbol einer Glocke, das ich an der Rückwand des alten Rathauses im Rheinstädtchen Erpel entdecke (9). »Da hat«, berichtet der Altbürgermeister Edgar Neustein, »einst der Glockengießer Heinrich von Gerresheim eine Glocke gegossen, aber der Guss misslang. Sein Gehilfe sollte die Glocke beaufsichtigen, während der Meister neues Material holen wollte. Der Gehilfe aber schmolz die Glocke wieder ein, goss sie neu, und sie gelang ihm bestens.« Doch gemäß der Zunftregeln, so Neustein weiter, sei Glockengießen nun mal das Privileg des Meisters gewesen; entsprechend erbost habe dieser reagiert und den jungen Mann im Zorn kurzerhand erschlagen oder erdolcht. Allerdings handelt es sich bei dieser Sage wohl um eine Wanderlegende, denn sie wird auch in Heisterbach erzählt und selbst im fernen Breslau. Auch hinter den vielen sogenannten Schwedenkreuzen steckt wahrscheinlich eine Wanderlegende. Dabei soll ein »alter Schwede« aus dem 30-jährigen Krieg auf den Korpus geschossen haben, doch die Kugel prallte zurück und tötete den gottlosen Frevler.

Kreuze gehörten in der Eifel und in den angrenzenden katholischen Regionen von Hunsrück und Westerwald zum Dorf wie Kirche, Schule und Löschwasserteich, und nicht selten bestimmten sie den Alltag der Menschen. »Wenn ich früher als Hütejunge mit dem Vieh an einem unserer Wegekreuze vorbeifuhr«, bestätigt mir ein Bauer aus der Hillesheimer Gegend, »habe ich immer meine Mütze abgezogen und das Kreuz gegrüßt.« Und eine Frau ergänzt, dass sie, wie es in ihrer Familie üblich war, nach wie vor zu Ostern, Pfingsten

und Weihnachten Lämpchen in den Nischen der Wege-
kreuze entzündet, die zum Ort gehören (10).

Ein anderer Eifeler und Westerwalder Brauch scheint
hingegen völlig verloren gegangen zu sein.

»Ja, dat sind die sieben Fußfälle, dat is, wenn einer
stirbt, dann wurden die gebetet«, erinnert sich fast weh-
mütig eine Eifelerin. Man betete sieben Fußfälle, weil
man im Mittelalter glaubte, der Herr sei siebenmal auf
seinem Kreuzweg gefallen, und daher errichtete man
auch in der Flur um die Dörfer herum sieben Kreuze.
Lag nun jemand im Sterben, habe die Küsterin oder der
Küster bei der Lehrerin angefragt, ob die Schüler den
Fußfall beten gehen könnten. Dann gingen sieben Kin-
der zu diesen sieben Fußfallkreuzen und beteten für die
betreffende Person. Denn das Gebet der Kinder, so sag-
te man, gehe durch die Wolken. Die alte Dame lacht.
»Die Jungen beteten nicht so gern, wir Mädchen waren
immer vorneweg. Wenn einer von denen mal mitlief,
dann nur, weil er wusste, dass es hinterher Bonbons
gab.«

Auf der anderen Rheinseite, in Rott im Westerwald,
hielt man die Kinder wohl nicht für gebetsfest, dort gin-
gen gewöhnlich sieben Frauen, bis der Brauch Mitte der
1950er Jahre ausstarb.

Bräuche verschwinden, und auch die Kreuze selbst
sind manchmal abhanden gekommen. Wurden zerstört
während der Zeit der Säkularisierung unter Napoleon,
geklaut von dubiosen »Sammlern«, beiseite geschafft we-
gen einer neuen Straße oder »umgemäht« von einem
Traktor, wie ein Spaziergänger im Nitztal süffisant be-

merkt: So sei das Feld des Bauern eben wieder etwas größer geworden.

Diebstähle, Zerstörungen, der Zahn der Zeit: Holz modert. Der weiche Sandstein leidet unter Regen und Wind, gelbe Flechten überziehen den harten Basalt, das Gesicht des Herrn verflacht. Hier fehlt dem Gekreuzigten ein Bein, dort der Kopf. Die Inschriften, die eingravierten Hauszeichen einer bestimmten Familie – vielleicht ein Hufeisen, eine Schere, Striche oder Winkel – lassen sich oft nur noch mit Mühe erkennen. Die Ästhetik des Zerfalls (11). Doch hier und da regen sich ..., ja, was eigentlich? Das religiöse Gewissen? Schuldkomplexe? Heimatgefühle? Auf jeden Fall würde in den Dörfern etwas fehlen, wenn die Kreuze plötzlich nicht mehr da wären, und tatsächlich hat manch ein Verein, eine private Initiative begonnen, sich zu kümmern. Und noch etwas fällt ins Auge: moderne Gedenksymbole, die in den letzten Jahrzehnten hinzugekommen sind. Schlichte Mahnmale mit und ohne christliche Zeichen: Unfallkreuze (12).

Philipp, gestorben 2003, auf einer Landstraße hinter Bruchhausen. Ein Ewiges Licht unter leuchtenden Sonnenblumen am Lattenkreuz, Sternchen aus Silberpapier auf den Holzbalken. In Plastikfolie das Foto eines wachen 17-Jährigen auf einem Motorroller.

Schaky. Ein einfaches Holzkreuz am Straßenrand zwischen Gerolstein und Hillesheim.

Einmal – anstelle eines Kreuzes – ein Buchsbäumchen mit Schleife.

Alexander – Maria – Bruno. Gisela und Werner: Wir werden euch nie vergessen.

DOROTHEA RENCKHOFF

Adventsbäckerei

Als die alte Frau den Kuchenmann buk
Hol ihn raus! Er verbrennt! Schrie das Kind.
Keiner schrie, als die Alte
Im Ofen verschwand.
Zurück blieb
Gerettet
Das Wesen aus Teig,
Weißlich, halbgar auf der Platte beim Herd.
Blaue Sterne wuchsen ihm aus dem Leib
Als die neuen Bewohner kamen.

Hortus conclusus (St. Martin)

Zwei Schmutzkübel, blau und gelb:
Tor und Wache
Am dürftigen Garten
Der schäbigen Kirche.
Armseliges Abbild.
Von schütterer Hecke
Und Nesseln umhegt:
Nicht Lilie nicht Flügel
Kein Gras für das Einhorn
Nur faulige Halme

Und Unrat im Lehm.
Kein leuchtender Apfel.
Die kahlenden Bäume
Gestraft mit Früchten
Aus Essig und Holz.
Nur einmal verweben
Zwei Lichterketten
Im Rechteck gespannt
Die dornigen Kronen
Zu Dach und Plafond;
Die Dämmerung fügt sich
Zu schimmernden Wänden;
Blau, rot und golden
Behaupten die Beeren aus leuchtendem Glas
Ein Zimmer, das einlädt,
Geschützten Raum.
Ein halber Mantel
Deckt
Den besudelten Boden.
Stille
In kristallener Kammer.

Doch bald
Kommen die Fackeln.
Bald ist es vorbei.

Martinszug

Die alte Römerstraße ist versunken,
Es führt kein Weg mehr durch das kahle Feld.
Wer hier noch gehen will, versackt
Im Schlamm der Rübenäcker.
Und käme doch ein Adler von der letzten unver-
                    gessenen Legion,
Er fände keine Fahne mehr
Und keine Siegeszeichen,
Nicht einen Baum, von dem er neu
Zum Himmel steigen könnte,
Und bald verklebte nasser Lehm die großen Flügel.
Nur manchmal, an sehr trüben Tagen,
Erscheint ein Treck von Pferden in der unsichtbaren
                    Spur:
Sehr viele Schimmel, doch
Auch unscheinbare Dunkle,
Und viele tragen Wunden, Striemen, Male
Von Peitsche, falsch geschnalltem Sattel, Bolzenschuss,
Von angsterfülltem Zerren am Metall in ihrem
                    weichen Maul.
Sie sind es, die den falschen Heiligen getragen
Durch Hunderte von Jahren
Im Zug der Kinder
Und im Fackelschein.
Ihr Blick ist fast schon blind.
Und doch sucht jedes Auge

Am Horizont die Stelle, wo er einmal doch
                              erscheinen soll,
Der wahre Heilige, der
Zu seinem Andenken sie alle auserwählte.
Dann wird er seinen Rest vom Mantel über ihre
                              Striemen breiten,
Und jeder Bettler
Wird zum Drachen, und ihn treffen
Endlich
Der Huf des Pferdes und St. Georgs Speer.

Paradiesgarten

Verbotener Raum im Bauch der Ruine.
Nur die Türme der Kirche
Überragen den Zaun.
Keine Tür, weder Lücke noch Zugang.
Ein einziger Spalt gönnt den Blick
Auf geborstenes Portal.
Auch dieser Eingang verwehrt
Vom Gitter der Schösslinge:
Kein Engel. Als biegsames Schwert
Stehen Esche und Ahorn.
Gewaltig wächst die Verheißung.
Hilfloses Spiel mit Gänseblümchen.

Zuflucht

Schutzraum Erinnern
Rettungszelt
Lichthöhle
Leuchtender Lampion
Im Sturm des Herbstes.
Wo steht der Baum,
Der dich trägt?

Madonna, Kloster Steinfeld

ANDREAS RUMLER

Einblicke in irdische Paradiese, Tor ins Offene

Wenige Landschaften nur haben mich seit früher Jugend so begeistert wie jene, die der Blick Rhein-aufwärts gleich hinter Bonn auf das Siebengebirge samt Drachenfels und den Rolandsbogen bietet. Eine Landschaft wie ein Bilderbuch, erlebbar und zu erlesen – fast wie ihre edelsten Produkte. Wir kamen aus der flachen norddeutschen Ebene und bogen südwärts ein ins Rheintal, Bergen und Burgen entgegen, zur Sonne, in die Ferien. Speziell der aus der Ferne nur schwach und verheißungsvoll wahrnehmbare Rolandsbogen, mitunter vom ersten Morgenlicht in dunstigem Nebel mehr verschleiert als erhellt, bedeutete den Aufbruch in bessere Tage.

Hier verband sich alles, was mir damals heilig war und bis heute geblieben ist: eine märchenhaft schöne Umgebung mit dem von Bergen eingefassten Strom, befahren von Schiffen, gesäumt von steilen Rebhängen mit Burgen darauf. Einzig unzerstört die Marksburg, mächtig noch die Trümmer der Festung Rheinfels. Ein Paradies überlieferter Geschichte in Legenden. Gleichbedeutend mit Erholung und Erlebnissen war diese Aussicht, real und im übertragenen Sinn, ging es doch in den Urlaub. Das obere Mittelrheintal und die Nahe bildeten einen Sehnsuchtsort – in jeder Beziehung.

Häufig nutzen Reisende hier Leporellos des Flusslaufs und wetteifern darin, sich gegenseitig auf Sehenswürdigkeiten aufmerksam zu machen. Eine besondere Sensation sind die behäbigen Binnenschiffe für Norddeutsche nicht gerade, kommt man aus Bremen mit großen Überseehäfen, aber dafür hatte der Rhein Bauten zu bieten, die es in einer Freien und Hansestadt naturgemäß nicht geben konnte: Schlösser und Burgen feudaler und klerikaler Herrschaft, wenn auch zumeist als Ruinen arg ramponiert. Bespöttelt wurde der arme Strom als des »Deutschen Reiches Pfaffengasse« wegen der an ihm gelegenen geistlichen Kurfürstentümer Mainz, Trier und Köln – aber die adeligen und geistlichen Herrscher spielen ja gottseidank nicht mehr die unselige Rolle von einst, aus vordemokratischen Zeiten. Lange bevor wir das Wort »Rheinromantik« kannten, hat uns der Anblick alter Stadtmauern und zerfallender Festungen auf den Höhen hingerissen.

Und natürlich kannten wir eine Reihe der hiesigen Märchen und Sagen – eine ideale Kulisse für sie bot der Rhein mit seinen Klippen und Stromschnellen, boten schroffe Berge, Felsabstürze und überwucherte ruinierte Turmstümpfe. An einem Fluss, der Menschen seit Urzeiten als Handelsweg dient, gedeihen Mythen und Legenden, berichten Reisende den Einheimischen, lauschen die Gäste. Etwa der Mär vom Rolandsbogen, jener von den drei heiligen Königen: denen aus dem Morgenland und auch denen in Köln, über die fleißigen Heinzelmännchen dort, der vom Bischof in seinem Binger Mäuseturm, der vom Hort der Nibelungen oder jener von der Haar- und Sangeskünstlerin Loreley auf ihrem Felsen. So wurde das märchenhafte Naturwunder Rhein im

Lauf der Jahrhunderte zu einer literarischen Landschaft und Ziel der Literaten.

»Spuren menschlicher Kühnheit an den Ruinen der Natur, kühne Burgen auf wilden Felsen« feierte Friedrich Schlegel anlässlich einer Rheinfahrt 1806. Johann Wolfgang Goethe, Friedrich Hölderlin und Heinrich von Kleist überlieferten früher schon Reiseberichte und lyrische Impressionen. Immer von neuem haben Dichter den Rhein und seine Bürger besungen und das Leben hier geschildert, nicht nur gefeiert, auch seine bitteren Seiten gezeigt – wie etwa Jens Hagen in seinem »Köln Poem«: »Nie ankommen«. Nicht nur britische Maler und Dichter entdeckten die Region und machten sie in und mit ihrer Kunst publik wie Lord Byron mit seinen rheinischen Strophen in »Childe Harold's Pilgrimage« oder William Turner, ein Wanderweg folgt seinen Motiven. Ein anderer führt auf literarischen Spuren um den Rolandsbogen. Guillaume Apollinaire verfasste seine »Rhénanes«, Germaine de Staël berichtete Lesern in ganz Europa. Und Victor Hugo nannte den Rhein seinen »Freund«, er sei: »ein edler Fluß; aristokratisch, republikanisch, kaiserlich, würdig, sowohl Frankreich als auch Deutschland anzugehören. Die gesamte europäische Geschichte, in ihren zwei großen Aspekten betrachtet, liegt in diesem Fluß der Krieger und der Denker, in dieser phantastischen Woge, die Frankreich zur Tat anregt, in diesem tiefgründigen Rauschen, das Deutschland träumen läßt.«

Nicht als Grenze begreift Victor Hugo den Rhein, sondern als strömenden Ort der Begegnung, seine fließenden Wasser verbinden Charlemagnes Erben hier und dort, auf der »Schäl Sick« gen Osten und nach links hin zum Westen, den Errungenschaften der französischen Revolution: den Bürger- und Menschenrechten. Die Rheinlande erscheinen als Welt, als kleiner Kosmos der Gegensätze: eben nicht Deutschlands Grenze, sondern gemeinsamer Strom und völkerübergreifendes Band, das den Lauf der Geschichte symbolisiert: alles fließt. Im Lauf der Jahrhunderte hat sich die Region – und nahm damit die europäische Einigung vorweg – zu einer Art Cuvée entwickelt, einem Verschnitt, einer Mariage oder Mélange, sozial und national betrachtet: Was modernen Populisten und Nationalisten ein Graus ist, gab es hier schon zu Zeiten Karls des Großen und wird eine zentrale Bedingung für eine friedliche Zukunft sein.

»Der Rhein vereint alles«, schreibt Victor Hugo. »Der Rhein ist schnell wie die Rhône, breit wie die Loire, eingedämmt wie die Maas, gewunden wie die Seine, klar und grün wie die Somme, geschichtsträchtig wie der Tiber, königlich wie die Donau, geheimnisvoll wie der Nil, goldbestickt wie ein Fluß in Amerika, von Geschichten und Gespenstern umwoben wie ein Fluß im Innern Asiens.« Man meint, mit Victor Hugo die Entstehung von Legenden zu erleben: »in diesen Wäldern, in diesen Felsen, diesen Tälern« gab es »Erscheinungen, Visionen, wunderbare Begegnungen, Teufelsjagden, Höllenburgen, Harfenklänge im Unterholz, melodische Lieder, von unsichtbaren Frauenstimmen gesungen, und das schreckliche Gelächter mysteriöser Wanderer.«

Handfeste Dokumente ihrer Kultur in Form von Mosaiken, Gläsern und Geschirr, als – leider oft nur – Fragmente architektonischer Meisterwerke, hinterließen die Römer hier und erste Berichte und Reportagen fast moderner Art: Ausonius und Tacitus. Caesar bot ein bis heute lesenswertes Beispiel großartiger Literatur mit einem kleinen Schönheitsfehler: dem propagandistischen Charakter, politischer Schönfärbung in eigener Sache. Er selbst sprach von »Commentarii Gallici belli«, allein: Was damals neutral gemeint war als Bericht, verstehen wir heute als subjektive Wertung und kommen damit seinem eigentlichen Anliegen näher, als er es jemals zugegeben hätte. Vor allem aber brachten die Römer den Weinbau mit ihren Legionen über die Alpen und verschifften ihre Amphoren entlang von Rhein und Mosel, wie die Wracks in Mainz und das Neumagener Weinschiff anschaulich belegen. Nicht nur Matthias Claudius widmete diesem (ge-)wichtigen Kultur-Import 1777 seine Kunst: mit dem »Rheinweinlied«.

So entwickelten sich die Rheinlande zur Lyrischen Landschaft, deren beste Produkte, egal ob in Vers- oder Traubenform, auch immer das reale Leben spiegeln: etwa Löß und Schiefer als Boden schmecken lassen oder soziale Bedingungen reflektieren und in Prosa oder Verse einfließen lassen als Bilder. Dank der Multinationalität ihrer Beiträger über die Jahrhunderte bietet die Lyrische Landschaft entlang des Rheins ein Musterbeispiel für Goethes Idee von der Weltliteratur. Nicht um einen starren Kanon ging es ihm, sondern darum, in einem aktiven und lebendigen Diskurs über Grenzen und Generationen hinweg Ideen auszutauschen, Erkenntnisse nach dem Prinzip des hermeneutischen Zirkels zwischen

Künstlern und Gelehrten zu debattieren, um zu möglichst perfekten Lösungen und Anregungen zu gelangen.

Zwei der bedeutendsten literarischen Vertreter dieser von der Natur und Kultur reich gesegneten Lyrischen Landschaft sind Ferdinand Freiligrath und Heinrich Heine. Weltweit stimmen Chöre sein »Ich weiß nicht, was soll es bedeuten …« an, und es ist immer wieder begeisternd zu erleben, wie Reisegruppen aus Fernost oder mit amerikanisch-britischem Akzent angesichts des steil aufragenden Felsens andächtig singen, etwa während einer Fahrt auf der »Drachenfels«. So bekannt und beliebt war diese Melodie, dass selbst die Nazis sie nicht zu unterdrücken vermochten und als »kleindeutsche Lösung« darauf verfielen, in Liederbüchern den Namen des Dichters zu verschweigen und »Verfasser unbekannt« darüber setzen ließen. Als er sein Fragment vom »Rabbi von Bacharach« schrieb, konnte Heine nicht ahnen, dass im 20. Jahrhundert die antisemitische Hetze gegen das angebliche »Volk der Gottesmörder« bis hin zu industriell perfektioniertem Raub- und Massenmord im Rahmen der Shoah führen würde. Immerhin hat die Kirche nach dem Holocaust die legendäre Gestalt des Heiligen Werner in Bacharach aus ihrem Repertoire genommen und auch die Wernerkapelle in Oberwesel umgewidmet.

Wie Heine musste auch Ferdinand Freiligrath seine Heimat verlassen, floh ins Exil. Verdienste um die Rheinromantik erwarb Ferdinand Freiligrath mit einem Gedicht, mit dem er eine der zentralen Stätten der lyrischen Landschaft verteidigt und das er ganz prosaisch, der breiteren Öffentlichkeit wegen, 1840 in der »Kölnischen Zei-

tung« veröffentlichte. Darin warb er um die Wiederher-
stellung des Rolandsbogens, 1839 war er eingestürzt. Und
fast zeitgleich mit Heines »Wintermärchen« erschien 1844
sein »Glaubensbekenntnis« – eine Art lyrischer Camou-
flage. Denn was so fromm und bieder, brav und einfältig
klingt, sind »Zeitgedichte« – so der Untertitel. Darin gei-
ßelt er Machtmissbrauch fürstlicher und geistlicher Herr-
scher, nimmt zu tagespolitischen Fragen Stellung.

Sogar in aktuelle Debatten greift Ferdinand Freiligrath
ein, wenn er mit »Ein Denkmal« lyrisch in einer versifi-
zierten Satire »gegen die Entweihung der Ebernburg
durch eine Spielbank« protestiert. Und daran erinnert,
dass Franz von Sickingen dort verfolgten protestantischen
Kritikern des Vatikans Schutz bot. Ulrich von Hutten
nannte die Ebernburg deshalb eine »Herberge der Ge-
rechtigkeit«. Das greift Freiligrath auf. Ein Denkmal zeigt
Hutten und Sickingen am Fuß der Festung. Und Ferdi-
nand Freiligrath reimt über den Autor eines Teils der fik-
tiven »Dunkelmännerbriefe« (Epistolae obscurorum viro-
rum): »Drum haben die Obskuren/ Und Argen ihn
gehaßt./ Sie folgten seinen Spuren,/ Verhetzten ihm die
Rast.« Veröffentlicht in Cottas »Morgenblatt« habe es »4
Wochen lang in Kreuznach und Bingen das Tagesgespräch
gebildet« und als »erfreuliche Folge« kann er seinem
Freund Levin Schücking melden: »Eine Bank mit einem
Liede gesprengt – wir sind doch dreiste Kerls, Levin!« Der
literarische Dialog verbindet Jahrhunderte. Literatur kann
helfen, in historischen Dimensionen zu denken.

Fast erschlagen fühlen sich Touristen, stehen sie erst-
mals vor einer der gigantischen Kathedralen von Köln,

Worms, Speyer oder Mainz angesichts der monumentalen, einschüchternden Herrschaftsarchitektur. Eine allerdings hat weltliterarischen Rang erreicht: Anna Seghers lässt im Mainzer Dom den Flüchtling Georg Heisler in ihrem Roman »Das siebte Kreuz« Schutz vor seinen Verfolgern finden, einen ruhigen Fluchtort. Denn am späten Abend werden die Tore verriegelt und deshalb ist Georg im menschenleeren Dom vor seinen Verfolgern während der Nacht in Sicherheit – so lange jedenfalls, bis morgens die Kirche wieder zum Leben erwacht.

Auch in den schönsten Regionen der Welt finden sich Problemfelder, die an düstere Kapitel erinnern. Entlang des Rheins sei – außer den im Rahmen christlicher Pogrome zerstörten jüdischen Ghettos nicht nur in Bacharach – auf zwei besonders herausragende hingewiesen. So erinnert in Konstanz das Konzils-Gebäude daran, dass in der Stadt der christliche Theologe Jan Hus 1415 auf dem Scheiterhaufen wegen seines Glaubens ermordet wurde. Immerhin gibt es in der Stadt Denkmäler für ihn. Rheinabwärts findet sich in Koblenz das Denkmal für einen deutschen Kaiser, der als »Kartätschenprinz« traurige Berühmtheit erlangte, weil er auf Demonstranten schießen ließ, getreu dem preußischen Prinzip: »Gegen Demokraten helfen nur Soldaten«. Es wurde im Zweiten Weltkrieg zerstört, sein Sockel diente von 1953 bis 1990 als »Mahnmal der deutschen Einheit«, bis 1993 wieder ein Kaiserstandbild errichtet wurde – als sei die Zeit seit dem 19. Jahrhundert stehengeblieben.

Zu den schönsten »Vaterländischen Gesängen« von Friedrich Hölderlin zählt seine Hymne »Der Rhein«.

Darin vernimmt er: »Die Stimme … des edelsten der Ströme,/ Des freigeborenen Rheins«, den er als einen »Vater« wahrnimmt, der »liebe Kinder nährt/ In Städten, die er gegründet«. Was findet sich also, folgt man dem Lauf des Stroms durch die Jahrhunderte? Einerseits der vielstimmige Chor von Poeten, lyrisch und in Prosa: »Was bleibet aber, stiften die Dichter.« Hinzu kommen beeindruckende Ansichten dieses mit jeder weiteren Flussschleife wieder neu begeisternden, herrlichen Panoramas, geschaffen von bildenden Künstlern, flüchtige Eindrücke als dauernde Bilder fixiert. Und schließlich triumphiert seit Jahrtausenden das markanteste Produkt dieser Landschaft, gekeltert aus der Frucht reifer Trauben: ein Göttergeschenk – der Wein. Überall an steilen Hängen mühsam durch harte Arbeit gewonnen, nicht zuletzt direkt unter dem Tor des Rolandsbogens. Für einen steten Aufbruch und für Bewegung, für Austausch und Dialog steht dieser Strom, als wolle er mit Hölderlin einladen: »Komm! ins Offene, Freund!«

Was ist Kunst? Was könnte sie sein?

Auszug aus dem Roman *Alle Wünsche werden erfüllt*

Während des Aufenthalts in der Rehaklinik erhält Amelie einen Brief von ihrem Professor an der Kunstakademie.

»Noch ein paar Worte zum Kunstbetrieb, den ich, wie Du weißt, kritisch sehe. Seit Jahren verfolge ich, wie meine ehemaligen Mitstudenten immer und immer wieder ihre einmal gefundenen Themen variieren, auch um damit Geld zu verdienen. Wiedererkennbarkeit wird bei ihnen – neben Interesse und Freude am Thema, am Werkstoff etc., was ich ihnen gar nicht absprechen will – zum Zwang. Außerdem gibt es ja viele Museen, Villen, Wohnungen und öffentliche Räume zu »bestücken«. Einigen ist es gelungen, mit dem einmal gefundenen Markenzeichen die Lebenshaltungskosten zu bestreiten, Miete und Heizung zu sichern, womöglich auch etwas mehr. Das ist in Ordnung. Aber entsteht so Kunst? Kollegen, mit denen ich vor Jahren spannend diskutieren konnte, haben sich inzwischen mehr oder weniger verkauft. Sie waren wohl dazu gezwungen, um ihren Platz in der Kunstszene zu behaupten. (…)

So wie es in der Musik das absolute Gehör gibt, so gibt es sicherlich auch einen Blick dafür, ob ein Künstler aus seinem Innern geschöpft hat oder ob er mit seinen Bildern nur die eigene und anderer Leute Eitelkeiten befriedigt. (...) Gehe ich durch ein Museum, kann ich inzwischen ziemlich mühelos Bilder und Skulpturen sortieren: Da gibt es die aus Eitelkeit, Ruhmsucht, Gewohnheit oder anderen »äußeren Beweggründen« entstandenen, aber auch einige wenige, die anders sind, etwas Neues, so noch nie Gesehenes zeigen, Werke, die uns berühren, die uns treffen, unseren Blick schärfen für Sinnvolles und Wichtiges oder uns einen Moment innehalten lassen. Das funktioniert auf jeder Etage, in der Moderne ebenso wie bei den alten Meistern und mittelalterlichen religiösen Darstellungen.

Bewusst oder unbewusst sind einige Künstler »eingeweiht« in das Geheimnis hinter den Dingen, finden Formen für Inhalte, die ihre Bilder sehenswert machen, die den Betrachter berühren und die im Gedächtnis haften bleiben. Kunst als Erforschung und Erweiterung des Gesichtskreises, mit den ihr eigenen Mitteln.

Spannend sind auch Bruchstellen, wenn etwas Neues auf den Plan tritt. Ein Freund von mir sagte vor vielen Jahren, Künstler, die den Namen verdienen, rängen an vorderster Front einer Gesellschaft und einer Epoche um Inhalte und Formen.

Schon früh ging es mir beim Betrachten von Kunst um ein Erlebnis. Durch ein Bild (oder beim Lesen eines Buches) wird mir etwas klar. Das kann auf den ersten, aber vielleicht auch erst durch den zehnten Blick passieren. Es gibt Bilder, die laden ein, sie zu meditieren, andere tragen ihre Aussage offen und unverstellt an uns heran. Zu allen Zeiten sind Porträts entstanden, die dem oder der Dargestellten schmeicheln oder ihn oder sie »entlarven«, um nur zwei von vielen Gesichtspunkten zu nennen.

Kunst kann revolutioniert werden durch Werke wie »Das Schwarze Quadrat auf weißem Grund« von Kasimir Malewitsch. So etwas kann Denkanstoß sein. Es war Malewitschs Auseinandersetzung mit dem »Lasten der Dinge«, wie er es selbst formulierte, aber selbstverständlich war es ebenso eine Abkehr von Schlachtengemälden, Heiligenmalerei oder in Ölfarbe überdauerndem Herrscherkult. In seiner Schlichtheit zentriert das »Schwarze Quadrat« den menschlichen Geist.

Und das »Blaue Bild« von Yves Klein bestaunen sicherlich viele wie ich als reines Farberlebnis oder als Fenster in die Unendlichkeit des Kosmos. Ich erwähne die beiden Bilder, damit es nicht so klingt, als sei ich ein Feind der gegenstandslosen Kunst, zu der ja auch Deine Farbkompositionen gehören.

Aber wusstest Du, dass nach dem Zweiten Weltkrieg in Deutschland, wie überhaupt in Westeuropa, von den USA aus die nicht gegenständliche Kunst propagiert beziehungsweise durchgesetzt wurde? In Westdeutschland gab es seither vorwiegend Preise, Stipendien und öffentliche Aufmerksamkeit für L'art pour l'art. Gegenständliche Kunst galt als spießig, Kunst hatte »wertfrei« zu sein, jedenfalls unpolitisch. Dass aber diese Vorgabe, die zu einem Trend wurde, nicht immer funktioniert, wird zum Beispiel deutlich an den nüchternen Bildern eines Edward Hopper, der die Seelenlosigkeit des American Way of Life porträtierte. Verstehe mich nicht falsch, Kunst ist für mich nicht Agitprop und ich schätze, wie gesagt auch die ungegenständliche Kunst. Aber ich habe etwas dagegen, wenn staatliche Organisationen aus kunstfernen Gründen mitbestimmen, welche Art von Kunst gefördert werden soll. Vorbehalte habe ich auch gegenüber vielen Formen von Aktionismus, von Gags, die vor allem ein dekadentes, übersattes Publikum von »Kennern« erfreuen. Und ich glaube nicht, dass diese Einstellung etwas mit dem Alter oder einer wie auch immer gearteten ›Gesinnung‹ zu tun hat.

Du merkst, ich bin voller Verärgerung über die großen und kleinen »Windmaschinen« des Kunstmarktes. Nichtigkeiten werden aufgebauscht, und Dummheiten führen in Sackgassen, während viele Menschen sagen, dass sie sich nicht für Kunst interessieren. Kein Wunder, wenn sie sich nicht angesprochen, nicht gemeint fühlen. Und so wie die angebliche »Politikverdrossenheit« in Wahrheit ein Zeichen von Frustration und Ärger, ja Zorn auf die von Lobbyisten manipulierten Regierungsmitglieder und Parlamentarier ist, so ist das Desinteresse weiter Bevölkerungskreise an Kunst eine Reaktion auf das, was der Kunstmarkt bietet.

Ich hätte Dir noch viel zu schreiben, doch bevor Du mich für einen närrischen Ignoranten hältst, will ich Dir kurz von einem Eindruck berichten, den ein Freund von mir vor einigen Jahren von der Kasseler Documenta mitbrachte. Eine Künstlerin stellte in einer Vitrine kleine Esel aus verschiedenen Materialien aus. Vor jedem dieser Esel lag ein Zettel mit dem Namen eines Widerstandskämpfers, beispielsweise Sophie Scholl oder Che Guevara. An der gegenüberliegenden Wand befand sich zu jedem Namen ein kurzer Lebenslauf. Gedanklicher Ausgangspunkt ist laut Aussage der Künstlerin ein Foto aus der Zeit des deutschen Faschismus, auf dem ein Uniformierter vergeblich versucht, einen störrischen Esel von der Stelle zu bringen. Das Tier bockt.

Abgesehen von der Darstellungsform, stellt sich die Frage: Kann es darum gehen, störrisch zu sein wie ein Esel, egal gegen wen oder was? Hätte der Esel nicht auch einem Widerstandkämpfer auf der Flucht den Gehorsam verweigert? Meinem Freund und mir erschloss sich weder ein künstlerischer noch irgendein anderer Sinn. Vielmehr scheint es uns ein weiteres markantes Beispiel dafür zu sein, Aufmerksamkeit für die eigene Person durch gesellschaftliche Reflexe herzustellen. Die Namen von anerkannten Persönlichkeiten, die ihr Leben für eine menschlichere Gesellschaft eingesetzt haben, werden meiner Ansicht nach für einen Gag missbraucht, eine Effekthascherei mit Ikonen ohne tieferen Sinn, es ist nicht einmal provokativ.

Im Rahmen dieser Documenta hieß es, wenn ich mich recht erinnere, aktuell sei eine Kunst, wenn sie für uns Heutige bedeutsam sei. Wie tief das Niveau gesunken ist, zeigte sich, als allen Ernstes in der Szene darüber diskutiert wurde, ob Spinnennetze oder etwa die Computersoftware von elektronischen Bankräubern angewandte Kunst sei, vergleichbar mit der Höhlenmalerei unserer Vorfahren. Während aber ein Spinnennetz, so kunstvoll es aussehen mag, instinktiv als Mittel zum Beutefang gebildet wird, entsteht diese Computersoftware zwar bewusst, allerdings bin ich nicht bereit, Aktivitäten, die längst verboten sein sollten und allein der eigenen Bereicherung dienen, zu Kunst zu erklären.

Was sollen die Vergleiche? Warum wird gesellschaftsschädigendes Verhalten stilisiert? Nennt man bald jeden stinknormalen Wohnungseinbruch eine Performance? Selbst wenn ein Spinnennetz »kunstvoller« sein mag als manches Kunstexponat, ist es eben nicht »künstlich« entstanden, es gehört zum Tier. Die Ebenen zu vermischen macht nichts klarer, sondern gehört zum Konzept Beliebigkeit. Anything goes.

Ach Amelie, ich musste mir in meinem Leben zu viele dumme Begründungen und Theorien anhören, die Kunstmachern dazu dienten, eigenes Tun zu rechtfertigen, habe mich übergesehen an all dem Zeug, das zu Kunst erklärt wird. Außerdem habe ich unzählige Studenten und Studentinnen betreut, die trotz ihrer Begabung und Anfängen, die hoffen ließen, scheiterten, meist am eigenen Unvermögen, an ihrer Verführbarkeit und daran, dass sie sich zu früh zufrieden gaben mit etwas Unfertigem. Und diejenigen, die nach meinem Dafürhalten am fähigsten waren, scheiterten am Kunstmarkt, manche auch an ihren eigenen Ansprüchen.

Liebe Amelie, lass Dir die Kur nicht von meinen verdrießlichen Anmerkungen verderben, genieße die sonnigen Tage in der Natur, lass von Dir hören und sei herzlich gegrüßt, Ernest.«

Aus:.Renate Schoof, *Alle Wünsche werden erfüllt, Roman,* Verlag zeitgeist, Höhr-Grenzhausen 2018.

RENATE SCHOOF | 85

Zum Rheine

Aus dem noch ziemlich grünen Nordafrika, dem halb schon abgeholzten Italien, dem Balkan kamen Soldaten, Händler und Huren des Römischen Reiches in die Kolonie Köln, mischten sich mit den lokal Vorhandenen und erzeugten so die Abstammungsursuppe einer Mischmaschbevölkerung, die an der Grenze zu den nachtschwarzen Wäldern der rechtsrheinischen Barbaren die Leiden und Freuden der antiken Zivilisation erlebte. Besonders mutige Urkölner trauten sich sogar zeitweise ohne Militärbedeckung in die dunklen Gefilde der Germanen und hinterließen dort ihre wenig anspruchsvollen und meist nicht überdauernden Spuren. Wie Konrad Adenauer zweitausend Jahre später so tiefsinnig erkannte, begann schon damals hinter Deutz die asiatische Steppe – nur vorläufig noch von germanischen Krüppeleichen überwuchert.

Wer in Köln auf die Welt gekommen ist, der wird mit einem kölnischen Blick über die Stadt und sein Leben erzählen, wie Kurt Roessler dies lebendig und vielfarbig getan hat. Meine fußnotig ergänzenden Aspekte sind die eines Fremden und Außenstehenden, der durch das rätselhafte Walten der Parzen erst als halb fertiger Mensch in die Domstadt gelangt ist - noch dazu unzugehörig zur *sancta catholitas* in einer Stadt, die nach Jahrhunderten der Exklusion erst 1795 wieder Protestanten und Juden in ihre Mauern ließ. Wenn die eigenen Wurzeln vom Rhein weg zunächst statt ins rheinische Mülheim ins Ruhr-Mülheim reichen und ein halbes Jahrhundert zurück von dort noch einmal fast neunhundert Kilometer weiter nach Osten – teils bis an den östlichen Rand des schönen kaiserlichen Deutschlands, teils knapp darüber hinaus ins russische Polen, dann wird man nie ein Kölner. Man bleibt ein Zwischenwesen zwischen Immigrant und Dauergast.

Es war eine große Sache, als ich als Elfjähriger mit meinem Vater von Mülheim-Speldorf aus zur Photokina nach Köln fuhr, in der Holzklasse auf einer bald schon stillgelegten Bahnlinie. Ich wurde auf einem Messestand photographiert, erhielt das Bild, durfte mit der Seilbahn über den Rhein fahren und sah – vielleicht zum ersten Mal bewußt – wie klein Menschen aus entsprechender Entfernung, von hoch oben herab, werden.

Eine Erinnerung aus den frühen Siebzigern: Ein WDR-Redakteur, seit einem Vierteljahrhundert in Köln und um ein reines Kölsch bemüht, wird von einer seiner Mitarbeiterinnen, einer Urkölnerin, in einer fröhlichen Runde in bemühtestem Hochdeutsch angesprochen: »Sie sind aber auch nicht aus Köln. Mir kommt es so vor, als kämen Sie aus Danzig.« Er reagiert wie ein ertappter Betrüger. Schließlich gibt er zu, er wäre tatsächlich als Jugendlicher 1945 aus Danzig hierhergelangt. Daß er nicht aus Köln stamme, sei noch nie jemandem aufgefallen. »Äwwer mir es et opgefalle«, sagt das Mädchen lächelnd. Vielleicht hat sie ja zuvor heimlich dem Chef in den Ausweis geschaut und den Geburtsort recherchiert. Oder der Chef hat seine Identitätskarte aus Schusseligkeit aus der Jackettasche fallengelassen, wie einst einer der Leitenden Ford-Mitarbeiter, dem auf der Werkstoilette der DKP-Parteiausweis aus der Gesäßtasche rutschte. Der Kollege, der ihn fand, gab ihn zwar zurück, allerdings nicht ohne eine Kopie für die Werkschutzakte weiterzuleiten.

Schon in meinen ersten Kölner Jahren habe ich mich damit zufrieden gegeben, daß ich nach etlichen Fahrten als Beifahrer im Obst&Gemüse-LKW der Sumana (Besitztum der Firma Cornelius Stüssgen seligen Angedenkens) von etlichen Kölner und Eifeler Fahrern die Höhen und Niederungen dieser zwei entfernt verwandten Mundarten kennenlernte, jeden zweiten Satz in etwa verstand, hauptsächlich beifällig nickte und »So isset« sagte, was sich heimatlich anfühlte, weil sowohl Kumpel Anton als auch Ämmil Cervinski es sofort verstanden hätten. Geflissentlich habe ich damals und später auf die Legende verzichtet, ich spräche Kölsch oder sei ein Kölner. Allerdings wurde in Norddeutschland behauptet, meine Aussprache habe eine kölsche Färbung angenommen.

Vielfach haben die Kölner den Ruf, besonders offen- und weitherzig zu sein. Sie selbst glauben das von sich, unbedingtestens. Wer im Karneval fesch kostümiert, fröhlich singend und von der Tür her mit dem Bestellen einer Lokalrunde beginnend eine Südstadtkneipe betritt, wird diesen guten Ruf mit allerhöchster Wahrscheinlichkeit bestätigt finden. Die Kölner sind unbestechlich, aber so ein kleines bißchen Förderlichkeit darf dann doch

sein. Außerhalb des Karnevals, im Arbeitsstreß des All-
tags mögen sich die Dinge anders darstellen. Um 1980
fuhr ich mit einem Auto, dessen mit MH beginnendes
Kennzeichen auf meine längst schon verlassene Geburts-
stadt und damit auf das Ruhrgebiet verwies, durch die
Kölner Innenstadt und erregte durch meine womöglich
allzu korrekte Fahrweise Aufmerksamkeit und Wut eines
Kölner Taxifahrers. Heutzutage hätte ein Taxifahrer
wahrscheinlich einen türkisch oder arabisch akzentuier-
ten Fluch, meine Mutter in seine Meinungsäußerung
einbeziehend, herausgestoßen. Aber so hörte ich, als
mein Kölner Mitbürger seitlich heranfuhr und durch
mein offenes Autofenster brüllte, die fröhliche Brand-
markung: »Äh do drisseliche Paselack do«. Blitzschnell
hatte er analysiert: MH, Bewohner einer Ruhrgebiets-
stadt, aus Polen eingedrungen. Wobei der Paselack noch
mehr ist als der gewöhnliche »Pollack« – er ist asoziales
Gesocks, das auf unerfindlichen Wegen von Osten her
ins Rheinland gelangt ist und aus unerfindlichen Grün-
den noch nicht wieder hinausbefördert wurde. War es
nicht Wolfgang Nideggen, der einst sang »Wie schön
wäre Köln ohne die Kölner«? Ach nein, es war ja Kreis-
ler, der Anti-Wiener. Jedenfalls gibt es Kölner unter den
bekennenden Köln-Hassern, darunter ein durchaus
namhafter Schriftsteller, im Schatten des Domes kurz
nach dem Krieg geboren. Aus dem fernen Exil kehrt er
alle paar Jahre in seine kalte Heimat zurück, um erstens
das Grab seiner Eltern zu besuchen und sich zweitens er-
neut bestätigen zu lassen, wie abgrundtief häßlich und
verbaut Köln ist.

Aber es gab und gibt auch andere Kölner, solche und solche. Bald schon waren unter meinen Freunden mehr Kölner als Kameraden aus dem Zuwanderungspool. Alte Kölner wie Heinrich Igel, die vom Kampf der Bündischen gegen die Hitlerjugend erzählten – Flucht auf einen Rheindampfer in Bad Honnef, lange Gesichter bei den abgehängten HJlern am Ufer, die aber mit Verstärkung und der SA in Königswinter warteten und für eine Freifahrt in den Kölner Gestapo-Keller sorgten. Dort holte ihn sein Vater ab, als Alter Kämpfer im Braunhemd auftretend. Schweigendes Heimtrotten, erst hinter der geschlossenen Korridortür zog der Vater den Ledergürtel mit der soliden Eisenschnalle heraus, und es gab eine proletarische Abreibung – unblutig, aber nachhaltig und von rechts her. Es gab Freunde wie Matthias Ploog – ehemals KPD, ehemals Betriebsrat in einem Ehrenfelder Metallbetrieb, ehe er bei der Weihnachtsfeier nach dem einen oder anderen Kölsch dem Firmenchef eine ehrlich gemeinte Rückmeldung gab und achtkantig aus der Ausbeutung befreit wurde. Er hatte einen festen Klassenstandpunkt und einen ebenso festen Tierfreundestandpunkt: Den Hundefeind Goethe verabscheute er.

Es gab Abende in einer Kneipe im Bergischen - einer, der eine Gitarre hatte und einen von den Bläck Föössern kannte, sang deren Lieder, eine bajuwarische Prachtfrau sang wie ich auch mit, außer uns beiden nur Kölsche am Tisch. Ich wünschte mir das Lied vom Manni us Ossheim und sagte nicht warum ausgerechnet das, soviel Unerfüllbarkeiten. Aber es war doch ein Glück, daß es Lieder gab und diesen Dialekt, den schönsten von allen, wenn Musik dazukommt und keine verbohrten Besserwisserinnen geifern, weil die Sies als IT benannt werden. Oder das große Glück, universitätsnah im fünften Geschoß eines Altbaus in einer Dachkammer zu wohnen, die ich von einer sehr menschlichen alten Frau gemietet hatte. Freitags klopfte sie, um zu putzen, aber ehe ich die Tür öffnete, war sie schon zurückgegangen zu ihrer Wohnungstür auf der anderen Seite des Hausflurs und wartete dort, damit eventueller Damenbesuch sich in Ruhe anziehen und für den Moment das Feld räumen konnte. Und immer bekamen die Mädels einen freundlichen Gruß und ein Lächeln von ihr. Für das bald schon kakerlakenverseuchte Unicenter wurde dieses Haus abgerissen – eine der vielen Glanzleistungen kölnischer Zubetonierung. Auch damals gab es Feinde, immerhin auch ehrliche und aufrechte wie der teerverspritzende Professor Rubin, ein Rechtsanarchist und ein großartiger Byzantinist, ich bekam nichts ab und konnte unverteert die Zigarren des Rektors an dessen Schreibtisch rauchen, das Zeitungsphoto davon im »Kölner Stadt-Abzweiger« war ein Fahndungsbild für drei Tage Lokalruhm und Promenadengewisper hinterrücks.

Wandlungen I–XII

93

95

Die Wahrheit lügt in der Mitte.

Gedanken zum Bedenken …

… ÜBER KÖLNER …

★

Der Kölner ist nicht käuflich, er ist nur zu höflich,
um Geldangebote abzulehnen.

★

Der Kölner ist tolerant: Er lässt andere hochkommen,
wenn er dabei etwas abbekommt.

★

Erreicht der Kölner nicht sein Lebensziel, so liegt es
wahrscheinlich am Lebensstil.

★

Der Kölner schwimmt gerne gegen den Strom –
schon aus Angst, in Richtung des wenig geliebten
Düsseldorf abgetrieben zu werden.

★

Wer in Köln einmal Fuß gefasst hat, nimmt die Beine
nicht mehr in die Hand – er bleibt.

★

Bützen ist für den Kölner der Beginn einer Zuneigung,
falls der andere nicht von Anfang an abgeneigt ist.

★

Der Kölner entwickelt mentale Fitness, indem er gegen
einen Strom von Selbstmitleid anschwimmt.

★

Das, was den Urkölner an den zugezogenen Kölnern gelegentlich ärgert, ist die übertriebene Kölschwerdung dieser Noch-nicht-Kölner.

★

Kölsch: Obergäriges mit Tiefgang ohne zuviel Schaum.

★

Wer den Kölner mit seinem Humor nicht ernst nimmt, hat nichts zu lachen.

… UND IHREN KLÜNGEL …

★

Klüngel: Gefälligkeiten gefallen dem Kölner, vorausgesetzt, andere lassen gefälligst die Finger davon, wenn eine Hand die andere wäscht.

★

Klüngel heißt, dass einem auf diversen Schleichwegen keiner auf die Schliche kommt.

★

Klüngeln lässt die Kassen klingeln
und die Massen tingeln: Schlussverkauf.

★

Klüngel: Wenn man bei krummen Touren die Kurve kriegt, kann nichts schief gehen.

★

Kölner Klüngel: Der Umweg ist nicht abwegig,
er ist zwar nicht der rechte, aber der richtige Weg.

★

Der Kölner Klüngel verbindet das Nützliche mit dem Angenehmen, ohne dass es unangenehm wirkt.

Klüngel: Nach allen Regeln der Kunst wird auch die Kunst in Köln geregelt.

★

Mit Tränen ist schon so manches Schäfchen ins Trockene gekommen.

★

Bevor wir den Löffel abgeben, schöpfen wir noch einmal mit ihm Verdacht und ändern das Testament.

★

Wenn man sein Pulver verschossen hat, dann bleiben einem nur noch die Worthülsen.

★

Faulheit ist kein Tätigkeitsmerkmal im Amtsdeutsch, denn da nennt man das mentale Unmotiviertheit.

★

Verantwortung: Was unternimmt man nicht alles, um nicht alles übernehmen zu müssen.

★

Es gibt nicht nur Unterlassungssünden, sondern auch Überlassungssünden.

★

Wer anderen eine Grube gräbt, tut es meist heimlich, sozusagen in Schwarzarbeit.

★

Man kann dem Anderen auch durch Anbaggern eine Grube schaffen.

Zum Wohl, Kurt Roessler!

Es ist noch nicht so lange her, daß ich in das rheinische »Kunstgeflecht« hinein gewoben worden bin, zu meiner Freude, und dabei Kurt Roessler kennenlernen durfte, einen der führenden Knüpfer dieses schönen Gewebes.

Zunächst war ich schon etwas irritiert, als vorne ein Mann in seinen höheren Jahren Platz nahm und anfing, von seinem Weinberg zu erzählen, am Rhein natürlich, wo sonst, an den Hängen der Burg Rolandseck. Es ging um die Ernte dieses Herbstes, und die Augen des Mannes funkelten selig, sein Gesicht verjüngte sich mit jedem Wort.

Ja, das war die Begeisterung der Jugend, die ihm aus den Augen sprang und die den Raum um uns füllte. Als der Worttrunkene dann gar noch eine Flasche Wein aus der Tasche zog und allen Jüngern der Kunst von den Früchten dieses selbstgezogenen Jahrgangs zu kosten gab, da war mir klar, welch unerwarteter Glücksfall mir an diesem Abend in den Schoß gefallen war. Einen Mensch zu treffen, der die Kultur von den Wurzeln an in sich aufsaugt. Die Kultur dieses Kurt Roessler ist − im Sinn des Wortes − geerdet. Die Wurzeln verzweigen sich mit der größten Selbstverständlichkeit hinab zu unseren römischen Vorfahren, die vor ein paar Jährchen mehr als den Wein an die Gestade des Rheins gebracht haben.

Kultur, wenn sie's denn ist, kommt nicht aus den Reagenzgläsern künstlicher Intelligenz. Sie wächst aus dem

Boden der Natur, gedüngt und hochgezogen und zum Blühen gebracht und gekeltert im Geist des Menschen.

Diese schlichte Wahrheit verkündet keineswegs Kurt Roessler mit seinem urbanen kölschen Zungenschlag. Nein, er verkörpert sie, mit Haut und Haar. Das ist kostbar, weil es so selten geworden ist. Als Dank dafür schenke ich ihm zu seinem Achtzigsten von dem Wein, den ich anbaue: zwei Gedichte der letzten Erntejahrgänge.

Es GING ein alter Herr daher
den erkannte keiner mehr
Das, sagten sie, sei's dann gewesen
»Dein Lebensbuch ist ausgelesen«
ließ sein bester Freund ihn wissen
»Niemand wird dich hier vermissen«
»So bin ich einst auch hergekommen«
meint der. »Es bleibt mir unbenommen
wenn die Menschen so schlecht sehen
unerkannt davonzugehen«
Und der alte Herr ging heiter
einstweilen unverdrossen weiter

Es WAR EINMAL, und einmal wird es wieder werden
Der Gott der Zeiten schaut nach allen Seiten
zurück, nach vorn, in die Kulissen
Es gibt uns mehrfach, dich & mich
und alles, was wir tun und lassen
geschieht hier nicht zum ersten Mal
und soll nicht ohne Wiederholung bleiben

Die Rollen werden immer neu verteilt
an die die gerade an der Rampe warten
Nur die Regie bleibt fest in einer Hand
(kaum spürbar ihre lange Leine)
bis dann das Lebensfestspiel sich ereignet
so frisch wie einst die Uraufführung
»Es war einmal, und einmal wird es wieder sein«

Zu den Autoren und Künstlern

Matthias Buth (*1951 Wuppertal) Rösrath-Hoffnungsthal; Schriftsteller. Zuletzt *Poesiealbum 344*, Wilhelmshorst 2019.

Susanne Camouflahsch (*1946 Tübingen) Bonn, freie Autorin.

Marita Dymny (*Linz) Niederkassel (Rhein); Bildende Künstlerin.

Manfred Enzensperger (*1952 Köln) ebd. und Leverkusen; Schriftsteller und Dozent. Zuletzt *eingeschneite hunde*, Berlin 2013.

Evert Everts (*1941 Bonn) Köln und Prag; Schriftsteller und Jurist.

Patricia Falkenburg (*1961 Mannheim) Pulheim; Lyrikerin und Molekularbiologin.

Armin Foxius (*1949 Köln) ebd.; zuletzt *Köln ist nicht Berlin. Geschichten und Erzählungen aus der rheinischen Metropole.* Hamburg 2018.

Margit Hähner (*1960 Leverkusen) Köln; Schriftstellerin.

Monika Krautscheid-Bosse (*Neustadt/Wied) ebd.; Bildende Künstlerin und Leiterin einer Malschule.

Marina Linares (*1967 Köln) ebd.; Autorin, Bildende Künstlerin und Kunstwissenschaftlerin.

Gerd Hergen Lübben (*1937 Sillenstede/Friesland) Bonn; Schriftsteller und Lehrbeauftragter.

Bernd Miesing (*1958 Grevenbroich) Düsseldorf; Maler und Bildhauer.

Theo R. Payk (*1938 Gelsenkirchen) Bonn; Autor und Psychiater.

Dorothea Renckhoff (*1949 Witten) Köln; Schriftstellerin, Übersetzerin und Dramaturgin.

Petra Reategui (*1948 Karlsruhe) Köln; Autorin, Übersetzerin, Journalistin. Zuletzt *Hofmaler. Das gestohlene Lebendes Feodor Iwanoff,* Bad Saulgau 2017.

Rolf Polander (*1947 Kappeln/Schlei) Köln; Autor und Gedichteschreiber. Zuletzt *Wahrscheinliche und Unwahrscheinliche Geschichten,* Aachen 2018.

Andreas Rumler (*1955 Bremen) Bremen und Elsdorf; Journalist und Autor. Zuletzt *Exil als geistige Lebensform. Brecht und Feuchtwanger. Ein Arbeitsbündnis,* Berlin 2016.

Renate Schoof (*1950 Bremen) Schriftstellerin. *Alle Wünsche werden erfüllt,* Höhr-Grenzhausen 2018.

Rolf Stolz (*1949 Mülheim a. d. Ruhr) Neunkirchen-Seelscheid; Schriftsteller und Photograph. Zuletzt *Werke Bd. 4, 5 und 8,* Bärenklau (Brandenburg) 2019.

Gerhard Uhlenbruck (*1929 Köln) ebd.; Aphoristiker und Immunologe. *Herausgeflutschtes. Aphoristische Spruchsätze,* Bochum 2016.

Michael Zeller (*1944 Breslau) Wuppertal; Schriftsteller, Dozent, Literaturkritiker mit umfangreichem literarischem Werk und Bonner Studentenvergangenheit. Zuletzt *Die türkische Freundin,* Oberhausen 2018.